KB263765

키틀러의 기계

키틀러의 기계

: 포스트 디지털 시대의 기술철학

최소영 지음

북콤마

기술적 타자와 인간의 조건

"매체는 우리의 상황을 결정한다." 독일의 매체이론가이자 기술철학자인 프리드리히 키틀러의 사유는 이 한 문장으로 요약된다. 그는 기술이 인간의 손에서 목적을 수행하는 도구라는 오랜 신화를 걷어내고 기록, 저장, 연산, 변환을 가능하게 하는 장치들이야말로 인간 경험의 보이지 않는 기초이며 사유의 배후에서 작동하는 조건임을 밝힌다.

우리가 '인간'이라 부르는 존재는 결코 자족적이지 않다. 키틀러에 따르면 인간은 문자와 책, 광학적 장치와 전기적 신호, 데이터와 알고리듬 같은 기술적 배경 속에서만 자기 자신을 구성한다. 또 이런 기술적 층위는 인간의 의식적 통제나 이해를 넘어선다. 기계는 인간을 대신해 기록하고, 저장하며, 계산하고, 분류한다. 그 과정에서 기술은 단순한 도구적 차원을 넘어, 세계를 구성하는 보이지 않는 토대로서 작동하게 된다.

기계는 인간의 의도를 따르는 수단이 아니라, 물질적 구조와 전기적 흐름, 연산 규칙의 질서에 따라 인간과는 다른 방식으로 세계를 감각하는 타자다. 이 타자적 존재는 인간의 능력을 확장하지만, 동시에 인간이 결코 접근할 수 없는 비-인간적 감각의 층위를 드러낸다. 키틀러의 기술철학적 고고학은 바로 이 비가시적 층위, 우리 세계의 심장부에 자리한 기계적 논리와 물질적 조건을 드러내는 탐구다.

오늘날 인공지능 기술의 등장과 도약은 이런 문제의식을 새로운 차원으로 끌어올린다. 키틀러는 정보처리 과정이 수학적 변환과 기계적 연산 규칙에 의해 이뤄진다고 보고, 의미 역시 인간 주체의 내적 활동에서 자발적으로 생겨나는 것이 아니라 기술적 시스템의 물질성과 알고리듬적 형식에 의해 가능해진다고 봤다. 대규모 언어 모델(LLM)은 이를 극적으로 보여준다. 인간에게 단어와 문장은 의미를 매개하지만, 기계에게 그것들은 고차원 벡터로 변환된 데이터 구조일 뿐이다. 언어 모델이 '다음 문장'을 산출하는 과정은 세계를 해석하는 행위가 아니라 확률적 연산의 결과이며, 그 속에서 언어는 인간적 의미 작용을 벗어나 기술적 절차로 재구성된다.

이 사실은 키틀러의 비-인간적 매체론이 지닌 통찰을 다시 확인하게 한다. 그는 언어, 의미, 이성, 주체 등 인간이 특권적으로 여겨온 개념들이 사실은 특정 매체의 물질적 구조에 의해 성립한 형식적 산물이라고 주장했다. 인공지능은 이를 더 이상 추상적 논의로 남겨두지 않는다. 인간은 언어를 통해 세계를 이해하지만, 기계는 계산을 통해 세계를 재현한다. 인간중심주의적 세계관은 이비-인간적 연산의 질서 앞에서 균열을 드러내고, 인간의 사유 역시 기술적 조건의 일부로 재위치된다.

이 책은 이러한 문제의식을 바탕으로 기술과 인간의 관계를 새롭게 사유하려 한다. 특히 기계의 물질성과 타자성, 기록 매체의 형식과 계산적 구조가 어떻게 인간 경험의 토대를 형성하고 그 조건을 재구성하는지 탐구하고자 한다. 이는 동시대의 상황이 단지 새로운 기술이 등장한 데 따른 풍경의 변화가 아니라, 인간 자신에 대한 사유의 조건이 재편되고 있는 사건이라 할 수 있기 때문이다. 그런데 우리는 이처럼 기술의 논리에 깊숙이 포섭돼 있음에도 여전히 인간을 중심에 놓는 관념론적 틀에서 쉽게 벗어나지 못한다. 기술이 인간을 보조한다고 믿는 동안, 인간 경험의 실제 조건은 장치들의 연산적 질서 속에서 재조정되고 있다.

기술은 인간의 외부에서 작동하는 무대 장치가 아니라, 인간을 인간으로 만드는 배후의 힘이다. 세계는 기술을 통해 지각되며, 시간은 저장 장치의 규칙에 따라 기록되고, 사유는 계산 가능성의 범위 안에서 조직된다. 인쇄술에서 타자기, 축음기에서 컴퓨터, 오늘의 인공지능에 이르기까지 기술은 인간의 감각을 재구성하고 인간의 가능성을 다시 정의해왔다. 이 변화는 인간 능력을 대체할 것이라는 공포나 인간의 종말이라는 서사로 환원될 수 없다. 인간은 언제나 기술과 함께 자신을 만들어왔고, 기술적 타자와의 긴장과 협력 속에서 새로운 감각과 문화, 사유와 예술을 생산해왔기 때문이다.

오늘의 문제는 우리가 만든 기계들이 단순한 도구가 아니라 존재론적 이웃으로 우리 앞에 나타나고 있다는 점이다. 그렇다면 우리는 기계적 타자와 어떤 방식으로 공존할 것인가? 연산적 질서가 인간의 지각과 사유를 재구성하는 시대에 인간은 어떤 존재론적 위치를 갖게 되는가? 그리고 기술적 아프리오리를 지닌 인간은 어떤 형태의 주체로 다시 형성될 것인가?

키틀러의 기술철학은 이런 질문을 던지고 사유할 수 있는 좌표를 제공한다. 기술이 인간을 구성한다는 사실을 인정하는 순간, 인간은 자신을 다시 사유해야 한다. 인공지능의 시대는 이 질문을 더 이상 미룰 수 없게 만든다. 따라서 이 책은 기술과 인간의 관계를 재구성하는 이 전환기의 조건 속에서 새로운 철학적 지형을 모색하고자 한다.

결국 중요한 질문은 이것이다. 기계와 더불어 구성되는 인간은 어떤 존재가 될 것인가? 이 책은 그 질문에 대한 답을 찾는 하나의 여정이자, 미래의 인간 조건을 다시 묻기 위한 사유의 출발점이 되기를 희망한다.

차례

일러두기

1. 외국 문헌을 인용하고 참조할 때 국역본이 있어 따로 인용할 때는 원본과 국역본 서지를 나란히 적고 국역본 면수를 적었다.

2. 별도의 인용 단락에서 소괄호 안의 내용은 원문 표현을 밝히는 경우이거나 원문의 저자가 밝힌 것이며, 대괄호 안의 내용은 인용자인 이 책의 저자가 덧붙인 설명이다.

1부　키틀러의 비-인간

1장

'소프트웨어는 없다' 명제와
하드웨어 옹호

2008년 개봉한 픽사 애니메이션 '월-E'는 포스트-아포칼립스를 그린 영화다. 근미래의 어느 시기 인류는 극심한 환경오염과 넘치는 쓰레기에 뒤덮인 지구를 버리고 호화 우주 유람선 '액시엄'에 탄 채 우주로 떠나 그곳에서 생활한다. 버려진 지구엔 끝도 없이 쌓인 쓰레기와 그 쓰레기를 청소하는 로봇 월-E만이 남아 있다. 매일 묵묵히 일하는 월-E가 출퇴근길에서 마주하는, 여전히 작동하는 홀로그램과 폐허가 된 거대 쇼핑몰은 쓰레기와 환경오염 문제로 몸살을 앓고 있는 우리의 현재와 미래를 과거의 흔적으로 보여준다.

거대한 우주선에 거주하는 미래 인류는 늘 자동으로 움직이는 의자에 앉아 생활하고 로봇이 모든 활동을 대신 해준다. 교통 통제·보안, 시스템 유지·보수, 생산 활동 등 일체가 일사불란하게 작동하는 자동제어 시스템 속에서 이뤄진다. 또 사람들은 의자에 앉은 채 눈앞에 나타나는 영상을 통해서만 타인과 소통한다. 음식 주문도, 쇼핑도, 심지어 식사도 모두 이동하는 의자 위에서 이뤄진다. 그런데 그들의 모습은 과장되고 우스꽝스럽지만 낯설지 않다. 영화 속 인류의 모습은 생성형 인공지능과 음성 인식, AI 비서 기술, 사물 인터넷, 디지털 금융, 갤럭시 워치 같은 웨어러블 헬스케어 등 다양한 기계 장치들이 빠르게 스며든 현재의 일상 환경과 겹쳐 보인다. 이런 상황 속에서 포스트-디지털, 포스트-인터넷, 포스트-인공지능 등의 개념들은 낯설지 않게 여겨진다.

이런 변화 양상은 개개인이 선택할 수 없게 된 지 오래다. 우리는 원하든 원하지 않든 다양한 기계들, 즉 기술적 장치와 연결돼 살아갈 수밖에 없다. 우리에겐 그런 환경에 적응해 이를 잘 활용하느냐, 뒤처져 불편함을 겪으며 사느냐 하는 선택지밖에 없어 보인다. 게다가 우리 사회는 기술 변화에 우호적인 분위기를 갖고 있다. 젊은 층은 물론이고 고연령층도 새로운 기술과 기계를 잘 다루는 사람들을 똑똑하고 유능한 사람으로 바라볼 뿐 아니라 사실 그들이 여러 면에서 주도적인 역할을 한다. 그런 현상이 일어나는 원인은 다양하겠으나 우리의 급속한 경제성장과 관련이 깊은 듯하다. 새로운 변화에 빨리 적응할수록 많은 경제적 성과를 얻을 수 있다는 경험이 누적됐다고 말할 수 있다. 그보다 더 심층적으로는, 과거 세계 정세의 변화에 어두운 상황에서 이에 제대로 대응하지 못해 우리 공동체가 겪은 고통스러운 근현대사가 반면교사가 되어 그런 교훈이 마치 집단무의식처럼 작용하는 것으로 보인다. 기술 변화에 적응해 이를 주도하거나 최소한 놓치지는 않아야 한다는 사고가 거의 생존 본능과 연결돼 있다.

이런 사회적 분위기에서 인간과 기술의 관계에 대한 반성적 사유가 충분히 형성되는 것은 쉽지 않다. 모든 역량이 기술 개발 자체에 집중되고 그 투자 집중마저도 늘 부족해 보여 이미 늦은 것 같다는 불안감이 기저에 깔린 사회에서 그런 사유는 한가로운 논의로 보이기 때문이다. 하지만 오히려 그런 점 때문에 기술철학적 담론은 더 적극적으로 제기돼야 한다. 왜냐하면 기술 변화는 단지 도구적 차원에 머무르지 않고 우리를 어떤 식으로든 바꾸기 때문이다. 그것은 사유 방식과 글 쓰는 방식, 말하는 방식, 느끼는 방식 등을 바꾼다. 그런 문제를 제대로 인식하지 않으면 우리는 기술의 효과에 일방적으로 노출된 상황에 머무르게 된다. 또 기술적 변화를 제대로 인식하고 충분히 생각해 건강한 관계를 맺을 수 있을 때 기술 상황과 인식 간의 격차로 생기는 다양한 문제를 해결할 길이 열린다.

이 문제와 관련해 사유할 필요가 있는 키틀러의 테제가 바로 '소프트웨어는 없다'는 주장이다. 디지털 컴퓨터가 지금처럼 일상의 수많은 영역에서 다양한 작업을 할 수 있게 된 것은 바로 응용 소프트웨어 덕분이다. 그것은 우리를 디지털 시대에 이어 디지털 기술이 삶의 기본 조건이 되는 포스트-디지털 시대로 들어서게끔 했다. 그런데 왜 키틀러는 이와 같은 주장을 할까.

세계를 달리게 하는 보편적 엔진, 소프트웨어

컴퓨터화로 가능해진 새로운 문화적 형식을 본격적으로 논의한 이론가 중 한 명이 레프 마노비치Lev Manovich다. 그는 2001년 『뉴미디어의 언어』를 출판하며 당시가 미디어 제작의 전 영역에서 소프트웨어 기반 도구들 채택이 거의 완료된 시점이라 말한다. 현대사회의 거의 모든 사회경제·문화적 체계가 소프트웨어의 기반 위에서 움직이는 시대가 열린 것이다. 이후 그가 『소프트웨어가 명령한다』를 쓰게 된 것도 바로 그런 소프트웨어의 역사와 현황을 정리하기 위해서였다.

잘 알려져 있듯이 컴퓨터의 프로토타입은 제2차 세계대전 중에 출현하고 그 목적은 적국의 암호를 해독하기 위한 것이었다. 그것은 독일군의 자동 암호 제조기 에니그마(ENIGMA)와 로렌츠 암호를 해독하기 위해 영국 정부가 조직한 프로젝트팀에서 개발됐다. 당시 팀엔 컴퓨터의 아버지 앨런 튜링Alan Turing이 있었고 그의 아이디어가 콜로서스 같은 장치들로 구현되어 독일군 암호 해독으로 이어졌다. 제2차 세계대전 직후 출현한 최초의 전자식 컴퓨터 에니악(ENIAC) 역시 미사일의 탄도 궤도를 자동으로 계산하기 위해 만들어진 장치이고, 1951년 MIT와 미국 공군이 개발한 휠윈드 1(Whirlwind1)도 공군의 실시간 항공기 시뮬레이션과 방공 시스템 제어를 위해 만들어졌다. 이런 초창기 컴퓨터는 군사기술의 일환으로 제작됐으므로 그 목적 또한 분명했다.

물론 컴퓨터에 대한 튜링의 원형적 아이디어는 모든 기계를 시

1943년 독일군이 사용하던 휴대용 전기기계식 암호 장비, 에니그마. **사진** Walther

1943년 영국의 암호 해독가들이 독일군의 로렌츠 암호(에니그마의 상위 버전)를 해독하기 위해 개발한 컴퓨터 콜로서스 '마크 2. 콜로서스는 전화기 엔지니어 토미 플라워스(Tommy Flowers)가 앨런 튜링의 도움을 받아 설계한 것이고, 튜링이 직접 만든 것은 그 이전인 1939년 영국 블레츨리 파크에서 만든 에니그마 해독 장치인 봄브다.

뮬레이션할 수 있는 '보편적 기계'였다. 즉 특정 목적이 아니라 계산 과정을 통해 해결할 수 있는 다양한 문제를 처리하기 위해 고안한 장치였다. 그러던 중 컴퓨터 발달사의 초기에 군사기술이라는 특정 목적을 가진 기계들이 제작된 것이다. 튜링 역시 자신의 기계가 미디어 장치, 즉 정보 및 콘텐츠를 전달하거나 기록하고 소비하는 장치를 시뮬레이션할 수 있다는 생각은 하지 않았다.

따라서 마노비치는 컴퓨터가 문화적 미디어로 발전하는 데 큰 역할을 한 선구자들을 기억해야 한다고 말한다.[1] 이런 문화적 컴퓨팅의 선구자들로 이반 서덜랜드Ivan Sutherland, 더글러스 엥겔바트 Douglas C. Engelbart, 니콜라스 네그로폰테Nicholas Negroponte, 앨런 케이 Alan Kay, 테드 넬슨Theodor Nelson, J. C. R. 리클라이더J. C. R. Licklider 등을 들 수 있다.

이반 서덜랜드는 1962년 MIT에서 박사학위 논문의 일부로 '스케치 패드'를 개발한다. 스케치 패드는 끝에 작은 광전자 셀이 내장된 라이트 펜을 이용해 컴퓨터 스크린 위에 간단한 그림을 그릴 수 있는 프로그램이었다. 이렇게 그려진 이미지는 수정도 가능하고 저장과 추후 재생도 가능했다. 따라서 이는 최초의 상호작용 미디어 제작 프로그램이라 할 수 있다. 스케치 패드는 단축 키 기능도 탑재돼 있어 이후의 소프트웨어들에 큰 영향을 미쳤다. 서덜랜드는 스케치 패드의 그래픽 요소들을 표현이나 조작, 복사, 통합

---

1   Manovich(2013/2014), 6.

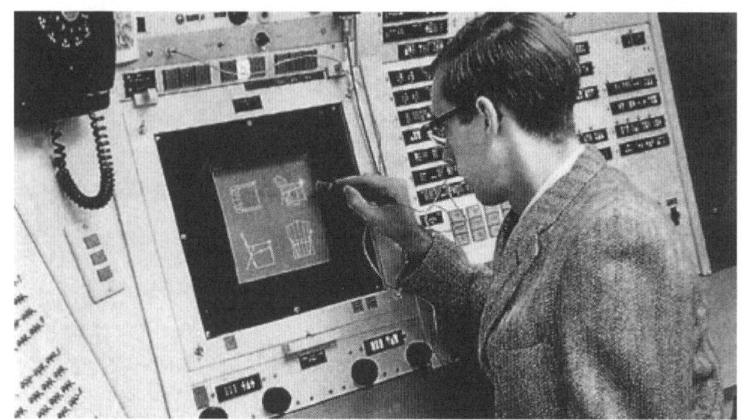

이반 서덜랜드의 스케치 패드. **사진** BIM A+

1946년에 완성된 최초의 전자식 디지털 컴퓨터 에니악. 진공관 1만 8천 개가 사용되어 무게가 30톤이나 나갔다. 원래는 미 육군의 지원에 따라 포탄의 탄도를 계산하기 위해 만들어졌다.

등도 가능한 객체로 규정한다. 그는 스케치 패드 이미지와 종이에 연필로 그린 그림의 차이점이 무엇이냐는 질문에 사용자가 이미지의 일부를 원하는 대로 수정할 수 있게 컴퓨터가 자동으로 조건을 맞춰주는 점이라고 답한다. 즉 스케치 패드는 인간과 지능형 기계의 커뮤니케이션 시스템으로 볼 수 있으며 이는 이후 앨런 케이가 '쌍방향 대화'라 부른 새로운 커뮤니케이션 차원이 된다.

더글러스 엥겔바트는 1963년 스탠퍼드대 연구소에서 마우스 장치의 프로토타입을 개발하고 1968년 샌프란시스코에서 열린 추계합동 컴퓨터학술대회에서 중요한 시연을 하며 마우스의 완성된 모습을 선보였다. '모든 프레젠테이션의 어머니(The Mother of All Demos)'라는 별명을 얻게 된 당시 시연은 마우스뿐 아니라 현대 컴퓨팅의 미래, 특히 새로운 오피스 환경을 보여주는 중요한 순간이었다. 그는 1960년대 초반부터 인간지능증강(Human Augmentation)을 목표로 하는 연구를 진행하며 이를 위해 새로운 컴퓨터 인터페이스를 개발하고 있었는데 그 성과를 대중 앞에 공개하는 자리가 바로 그 시연이었다. 컴퓨터 과학자와 IBM 기술자, 정부 기관 연구비 관리자 등을 포함한 수천 명의 사람들 앞에서 90여 분간 진행된 시연에서 마우스 외에도 워드 프로세싱, 동시에 여러 창을 띄우는 UI 개념이 탑재된 윈도우, 문서 간 링크 이동이 가능한 하이퍼텍스트, 원거리에 있는 동료와 실시간으로 같은 문서를 편집하는 공동 문서 편집 기능, 원격 화상 회의, 스크린 공유 기능 등 오늘날 일반화된 오피스 환경의 원형이 대거 소개됐다. 그는 이후 현대적 인터페이스의 또 하나의 핵심인 다중 윈도우를 개발하기도 한다.

앨런 케이는 1970년부터 1981년까지 제록스 PARC에서 근무하며 학습연구실 실장을 맡아오다가 앞서 언급한 선구자들의 성과를 바탕 삼아 오늘날의 일상적 미디어 컴퓨팅 패러다임과 기술을 체계적으로 구현했다. 그의 업적은 간단히 말하자면 GUI(그래픽 사용자 인터페이스) 기반 소프트웨어의 원형을 개발한 것이다. 케이와 동료들은 컴퓨터를 '역동적인 개인 미디어'로 구축해 그것이 학습과 발견, 예술 창작 등에 활용되기를 원했다. 오늘날 PC의 핵심 구성 요소는 GUI, 디스플레이 및 그래픽 장치, 네트워킹 시스템, 프린터 등인데, 그들은 그래픽 인터페이스를 지원하는 각종 응용 프로그램을 다양하게 개발했다. 여기엔 워드프로세서와 파일 시스템, 그리기·페인팅 프로그램, 애니메이션 프로그램, 음악 편집 프로그램 등이 포함된다. 이로써 그들은 튜링이 제안한 보편적 기계를 보편적 미디어 장치로 전환했다.

1984년 애플이 처음 출시한 매킨토시 컴퓨터엔 제록스 PARC 프로그램의 업데이트 버전이 탑재돼 있었는데 워드프로세싱과 그림 그리기 소프트웨어, 페이지 메이커, 비디오 웍스, 사운드 에디트, 포토샵, 애프터 이펙츠 등이 그것이다. 1991년쯤 컴퓨터는 개인용 미디어 편집기로서의 정체성이 확실해졌다. 이후 컴퓨터는 다양한 미디어 콘텐츠를 보여주고 만들고 편집할 수 있는 개인용 기계가 되어 현재에 이르고 있다. 언급한 인물들 외에도 문화적 컴퓨팅의 발전에 기여한 여러 연구자가 현재 일상적으로 사용하는 편리한 기능들을 개발하고 시연했다.

그렇기에 컴퓨터를 보편적 미디어 장치로 전환하는 데 성공하는 모습은 '소프트웨어의 승리'와 다름없다. 오늘날 소프트웨어는 크게 응용 소프트웨어, 시스템 소프트웨어, 컴퓨터 프로그래밍 도구, 소셜 네트워크 서비스 및 소셜 미디어 기술 등으로 구분되는 넓은 개념으로 볼 수 있다. 그중 응용 소프트웨어에 속하는 미디어 소프트웨어엔 검색 엔진, 추천 시스템, 지도 응용 프로그램, 블로그 도구, 경매 도구, 인스턴트 메시지 클라이언트, 새로운 소프트웨어를 작성하게 하는 iOS, 안드로이드, 페이스북, 윈도즈, 리눅스 같은 플랫폼이 있다. 이런 소프트웨어는 우리 일상에 깊숙이 들어와 있을 뿐 아니라 그 환경 자체를 구축한다고 말할 수 있다. 따라서 마노비치는 이런 소프트웨어를 현대사회의 모든 것을 묶는 보이지 않는 접착제라고 말한다.[2] 그의 주장대로 문화적 인공물을 만들고 저장하고 유통하고 접근하기 위해 인류가 이용해온 다양한 물리적, 기계적, 전자적 테크놀로지를 소프트웨어가 대체했다. 이제 소프트웨어는 세계를 달리게 하는 보편적 엔진이 된 것이다.[3] 우리는 마노비치가 숨이 찰 정도로 나열하고 있는 활동보다 더 광범위하고 다양한 작업들을 소프트웨어를 통해 수행한다.

이처럼 소프트웨어의 중요성이 크기에 우리는 그 기원과 목적

---

2   Manovich(2013/2014), 10.

3   Manovich(2013/2014), 2.

을 알아야 한다. 마노비치가 미디어 소프트웨어를 처음 개발한 이들의 생각과 동기를 분석하는 이유도 다르지 않다. 그런데 소프트웨어가 이렇게 중요한 또 하나의 이유는 그것이 디지털 미디어를 작동하는 실제 과정에서 이용자가 직접 보고 이용하는 부분이기 때문이다. 우리는 소프트웨어만을 보고 사용한다. 그런 의미에서 우리는 소프트웨어 속에서 살고 있다고 말할 수 있다.

'소프트웨어는 허구다'

반면에 키틀러의 주장은 다르다. 요약하면 다음과 같다. '소프트웨어는 허구다. 왜냐하면 그것은 자신이 의존하고 있는 하드웨어를 감추고 있기 때문이다.' 하드웨어는 장치의 가장 아래 물리적 층위에서 기계어 명령어를 해석하고 실행하는 장치다. 오늘날 우리가 사용하는 모든 디지털 컴퓨터에서 작동의 기본적 토대는 기계어다. 이것은 인공지능 프로그램도 마찬가지다. 인공지능이라고 해서 어떤 마법 같은 새로운 원리 위에서 작동하는 것이 아니고 기본적으로는 현대 컴퓨터 아키텍처와 언어의 층위에 구축된 소프트웨어다.

기계어는 CPU가 직접 해석하는 0과 1의 바이너리 코드다. 그런데 인간은 기계어를 판독하지 못하므로 이 문제를 해결하기 위해 소프트웨어가 개발됐다. 즉 소프트웨어는 컴퓨터 하드웨어에 어떤 과제를 실행하도록 지시하는 일련의 명령어로서 더 고도로 발전된 프로그래밍 언어라고 할 수 있다. 키틀러 역시 소프트웨어가 없었다면 컴퓨터가 이처럼 다양한 작업을 수행하는 기계가 될 수 없었음을 알고 있다. 그런데 왜 그는 소프트웨어를 비판할까. 그것은 컴퓨터 작동의 실제적 측면을 하드웨어의 물리적 작용으로 보기 때문이다. 어떤 개별적 애플리케이션도, 어떤 근본적인 마이크로프로세서 시스템도 몇 가지 기본적 함수들이 실행되지 않는다면 시작조차 할 수 없다.[4]

소프트웨어의 작동은 엔트로피를 정보로 변형하는 처리 과정이며 그 뒤에는 하드웨어가 숨어 있다. 우리가 워드 프로그램을 사용할 때 우리는 그 작동의 결과만을 볼 뿐 프로그램의 작동을 위한 필수적 오퍼레이션을 지각하지는 않는다. 그 이유는 작동의 가장 아래 층위라 할 인풋·아웃풋 시스템이 프로그램에서 기본적인 하드웨어를 컨트롤하는 사항을 숨길 목적으로 채택되기 때문이다.

키틀러는 컴퓨팅 디자인에서의 몇 가지 근본적 변화가 이런 비밀 시스템을 완성했다고 보는데 그 첫 번째가 앞서 언급한 GUI 개발이다. GUI가 개발됨으로써 프로그래밍을 위한 필수적인 오퍼레이션이 은폐되고 사용자들이 기계 전체의 모습을 파악하지 못하게 됐다. 그다음, 프로그래밍 언어와 결합해 있기는 하나 근본적으로는 하드웨어 차원에서 전개되는 '보호 모드'라는 오퍼레이팅 모드의 등장이다. 키틀러는 그 모드가 신뢰할 수 없는 프로그램

---

4   Kittler(2013c), 222.

이나 유저들을 인풋·아웃풋 채널과 같은 시스템 리소스와 오퍼레이팅 시스템의 핵심에 접근하지 못하게 할 목적으로 구축됐다고 주장한다. 마노비치가 우리의 문화적 활동을 가능하게 하는 기술적 토대로서 소프트웨어를 주목하고, 따라서 소프트웨어를 최초로 개발한 연구자들의 목적과 의도에 대해 알 필요가 있다고 주장한다면, 키틀러는 그 소프트웨어의 토대이자 본래 드러나지 않게끔 설계된 하드웨어를 주목해야 한다고 주장하는 것이다.

마노비치는 키틀러가 어셈블러 언어로 프로그래밍을 해본 경험이 있고 따라서 그가 GUI와 오늘날의 소프트웨어 응용 프로그램을 탐탁지 않게 생각한 것 같다고 추측한다. 그리고 키틀러가 고전적 모더니즘의 관점에서 컴퓨터의 본질에 대해 주목해야 함을 주장하는데, 그 본질이란 바로 컴퓨터의 수학적, 논리적 토대와 어셈블러 언어 같은 도구를 특징으로 하는 초기 역사를 의미한다고 말한다.[5] 하지만 마노비치는 이미 1980년대 초반부터는 키틀러가 전제하는 어셈블러형 프로그래밍이 아니라 절차적 프로그래밍 시대가 시작됐으며, 그 후 PC가 출시되고 1983년쯤 애플이 GUI를 선보이는 과정에서 누구나 쉽게 사용하는 컴퓨터 보편화 시대가 열렸다고 개괄한다. 이후 GUI를 기반으로 해 일러스트레이터와 포토샵 등 이미지 처리 프로그램이 출시되고, 1989년엔 최초로 모핑 기법과 같은 컴퓨터 그래픽을 활용해 제작된 복잡한 형상의 가

---

5   Manovich(2013/2014), 27.

상 캐릭터가 등장하는 영화 '어비스'가 개봉됐으며, 할리우드 블록버스터 영화의 화려한 계보를 이루는 일련의 작품들이 계속 제작됐다. 우리가 알고 있는 문화적 컴퓨팅의 시대가 본격적으로 열린 것이다.

따라서 키틀러가 중시하는 하드웨어의 진보와 무어의 법칙이 컴퓨터의 발전에 결정적 역할을 했더라도, 오늘날의 디지털 환경을 가능하게 한 훨씬 더 중요한 요인은 글로벌 네트워크와 더불어 기술적 이해가 부족한 이용자를 대상으로 한 GUI 방식의 소프트웨어가 출시된 점이라 할 수 있다. 이런 소프트웨어의 등장으로 1990년대부터 그래픽 디자인, 건축과 제품 디자인, 영화 제작과 애니메이션, 미디어 디자인, 음악과 기타 창작 영역 등 대부분의 문화 산업이 점차 소프트웨어 도구를 채택해나갈 수 있었다.

마노비치의 주장은 설득력이 있다. 왜냐하면 결국 컴퓨터가 오늘날 미디어의 미디어 또는 일종의 메타미디어와 같은 위상을 갖게 된 이유는 컴퓨터의 발전이 소형화·경량화를 지향하고 가격 또한 저렴해질 뿐 아니라 다양한 소프트웨어 프로그램을 통해 사용 영역이 엄청나게 다양해졌기 때문이다. 그러나 키틀러의 '소프트웨어 비판'은 단순히 시대착오적이라고 말하기에는 좀 더 중요한 시사점을 갖고 있다. 그것은 기계, 더 나아가 기술에 대한 그리고 인간과 사물의 관계에 대한 의미 있는 관점을 보여준다.

처치-튜링 논제와 폰 노이만의 코드 논리

'튜링 머신'이라는 개념이 등장한 배경으로 20세기 초반 수학과 논리학의 주요 의제였던 '결정 문제(Entscheidungsproblem)'를 꼽을 수 있다. 독일의 수학자 다비드 힐베르트David Hilbert는 수학을 완전히 형식화하고 그 체계에 모순이 없으며 완전하다는 것을 증명하고자 하는 프로젝트를 진행하는데 그 맥락에서 '결정 문제'를 수학의 핵심 과제로 제기한다. 그것은 '모든 수학적 명제가 형식화됐을 때, 그것이 참인지 거짓인지 기계적으로 결정할 수 있는 유한한 절차, 즉 일반 알고리듬이 존재하는가' 하는 물음이다. 어떤 논리적 명제가 주어졌을 때 그것이 증명될 수 있는지 기계적으로 판단하는 보편적 방법이 존재하는가를 물은 것이다. 많은 수학자가 그 질문에 대한 답을 제시하려고 시도하는데 가장 중요한 응답 중 하나로 쿠르트 괴델Kurt Gödel의 '불완전성 정리'를 들 수 있다. 앨런 튜링 역시 그 문제에 흥미를 갖고 그 논의 과정에서 특히 '기계적으로 계산 가능한 함수'가 무엇인지 정의할 필요를 느꼈다. 이를 위해 '수학적 절차를 수행하는 이상적 기계'라는 모델을 구상하는데 그것이 바로 튜링 머신이다. 튜링 머신은 기존에 개발된 계산 기계의 모든 행위를 시뮬레이션하는 장치로 무한히 긴 종이 다발과 이산 기호들, 가산적인 수의 명령으로 작업을 수행하는 개념적 장치였다.

튜링은 1936년 논문 「결정 문제 적용을 위한 계산 가능한 숫자들(On Computable Numbers, with an Application to the Entscheidungsproblem)」에서 '기계적으로 해결 가능한 문제'는 '튜링 머신으로

2012년 마이크 데이비(Mike Davey)가 물리적 작동 모델로 직접 제작한 튜링 머신. **사진** Rocky Acosta.
튜링 머신은 1936년 앨런 튜링이 고안한 추상적인 수학 모델이자 가상의 장치로 현대 컴퓨터의 작동 원리
인 알고리듬과 계산 가능성 이론의 기초를 마련했다. 진정한 튜링 머신은 무한한 길이의 메모리(테이프)를
갖는다.

풀 수 있는 문제'와 등치 관계에 있다고 주장한다. 또 그는 튜링 머신으로 해결할 수 없는 계산 불가능한 문제가 존재함을 말하며 그 예를 제시하기도 한다. 어떤 알고리듬도 주어진 명제가 참인지 거짓인지 항상 판정할 수는 없음을 증명한 것이다.

그리고 튜링과는 다른 방식인 '람다 계산법'을 통해 마찬가지로 계산 가능성의 경계를 제시한 인물이 알론조 처치Alonzo Church였다. 그들은 함께 '처치-튜링 논제(Church-Turing thesis)'를 세우게 된다. 처치-튜링 논제는 '직관적으로 계산 가능한 모든 것은 튜링 머신으로 계산할 수 있다'는 것으로, 계산 가능성을 튜링 머신이라는 모델로 정의할 수 있다고 주장한다. 오늘날의 프로그래밍 언어나

알고리듬 이론 등이 모두 튜링의 아이디어에서 출발한다는 점을 생각한다면 튜링 머신과 처치-튜링 논제 등은 단순히 계산 이론의 영역에 머물지 않는다. 그것은 자연에 대한 새로운 존재론적 혹은 인식론적 선언이라 할 수 있다. 키틀러는 튜링 이후의 컴퓨터 산업에서 그런 변화가 현실화되고 있음을 몇몇 에세이에서 다루고 있는데 그 대표적인 글이 「소프트웨어는 없다」이다. 그는 이 글에서 다음과 같이 말한다.

튜링의 1937년 논문 이후, 인간이 수행하든 기계가 수행하든 모든 계산 행위는 무한히 긴 띠 모양의 종이[테이프]와 그 위의 이산적 기호들을 통해 작동하는 가산적 명령들의 형태로 형식화될 수 있다. 쓰기와 읽기, 앞뒤로의 이동이라는 단 두 가지 작동만을 포함하는 이런 종류의 '종이 기계(paper machine)'에 대한 튜링의 개념은 모든 계산 가능한 함수의 수학적 등가물임이 입증됐고, 그 결과 '컴퓨터'라는 본래의 무해한 직업적 명칭은 기계적이고 문자 그대로의 의미로 대체됐다. 보편적 튜링 머신은 다른 기계에 대한 설명(즉 프로그램)만 공급받으면 그 기계의 효과를 그대로 모방할 수 있다. 그리고 튜링 이후로는 서로 다른 장치들 사이의 하드웨어적 차이를 무시하고 추상화할 수 있게 됐기 때문에, 이른바 '처치-튜링 논제'는 가장 엄밀한 형식, 곧 물리적 차원에서 자연 그 자체가

하나의 보편적 튜링 기계라고 선언하는 것과 같다.[6]

보편적 튜링 머신은 다른 모든 기계를 모방할 수 있는 기계로서 어떤 계산 과정을 수행하는 다른 기계에 대한 설명인 프로그램만 입력하면 그 기계의 작동을 그대로 흉내 낼 수 있다. 따라서 계산을 수행하는 핵심 요소는 기계의 물리적 구조가 아니라 기호적 규칙인 알고리듬이라 할 수 있다. 기계 장치와 전자 회로, 신경망 같은 하드웨어의 물리적 차이를 초월해 '계산할 수 있는 함수'라는 수준에서 모든 계산을 동일한 형식으로 다룰 수 있게 된 것이다.

또 인간이 '직관적으로 계산 가능한 모든 것은 튜링 머신으로 계산할 수 있다'는 논제는 사실상 계산 가능성의 특징과 한계를 규정하는 것으로 볼 수 있지만 이를 물리적인 영역이나 형이상학적 차원으로 확장하면 좀 다른 의미가 나오게 된다. 즉 모든 자연적 과정이 결국 계산 가능한 과정으로 환원될 수 있다면, 자연의 모든 변화는 보편적 튜링 머신 위에서 실행되는 계산 과정으로 간주될 수 있는 것이다. 이런 주장은 처치-튜링 논제를 상당히 급진적으로 해석, 비판하는 것으로 볼 수 있다. 만일 이 논제를 보편적 법칙으로 받아들이게 된다면 자연적, 논리적, 언어적 현상은 튜링 기계가 처리할 수 있는 것이냐 아니냐로 환원된다. 따라서 '계산 가능성'이라는 개념은 하나의 이론적 모델이 아니라 자연의 작동 방식

---

6   Kittler(2013c), 220-221.

을 이해하고 설명할 유일한 규칙이 되며 자연 세계에서 일어나는 모든 과정은 알고리듬화, 즉 프로그램화될 수 있다는 가정하에 튜링 머신은 그것을 시뮬레이션할 수 있다는 뜻이다.

물론 키틀러는 실제로 자연을 튜링 머신으로 볼 수 있다고 생각하지 않는다. 오히려 그 불가능성에 대한 생각을 분명히 밝히고 있다.

> 자연 자체를 어마어마한 디지털 컴퓨터로 보는 강한 형태의 포스트-튜링 가설을 위한 물리적 증거는 없고 아마 앞으로도 없을 테지만, 측정 기술에 의한 근사치는 있다. 디지털 회로에 의해 가능한 디지털 회로로 인식되는 것이 무엇이든 그것은 프로그래밍이 가능한 물질의 풀(pool)에 들어갈 것이다. 하드웨어 일반은 계산 능력과 저장 용량을 위해 계속 대체 불가능한 것으로 남겠지만, 개개의 하드웨어는 대체할 수 있게 됐다.[7]

따라서 키틀러가 이런 주장을 통해 직접적으로 비판하려고 하는 것은 튜링이나 처치-튜링 논제라기보다는 튜링 머신을 기반으로 탄생한 실제 컴퓨터 장치와 관련 산업이 지금까지 구축해온 성취 및 방향성이라 할 수 있다. 인간은 보편적 읽기-쓰기 기계라 할 컴퓨터의 언어를 읽거나 쓸 수 없다. 따라서 그 간극을 메우기 위

---

7   Kittler(1998), 123.

해 등장한 것이 소프트웨어다.

로스앨러모스 맨해튼 프로젝트에서 컴퓨팅 책임을 맡았던 존 폰 노이만John von Neumann은 1945년 「EDVAC 보고서 초안」(First Draft of a Report on the EDVAC)을 작성하는데, 여기서 프로그램을 기계가 읽을 수 있는 명령어로 규정함으로써 계산 장치, 즉 하드웨어의 물리적 회로를 인간이 작성한 코드, 즉 소프트웨어의 언어로 제어할 기반을 만든다. 그것이 바로 '저장된 프로그램 구조'로 하드웨어와 언어의 분리라는 새로운 컴퓨팅의 기초가 된다.[8] 따라서 키틀러는 「소프트웨어는 없다」에서 이렇게 쓴다.

> 일상어들이 자기 자신의 메타언어가 되어 타자의 타자를 갖지 않는다는 그 오래된 독점은 무너졌고, 그것은 프로그래밍 언어들의 새로운 위계로 대체되었다. 이 포스트모던 바벨탑은 이제 하드웨어 구성으로 언어적 확장이 이뤄지는 단순한 명령어 코드부터, 바로 그 명령어 코드로 확장되는 어셈블러를 거쳐, 인터프리터, 컴파일러, 링커를 거쳐 어셈블러로 확장되는 이른바 고급 언어에 이르기까지 뻗어 있다. 따라서 오늘날의 글쓰기는 소프트웨어 개발과 마찬가지로, 프랙탈 기하학이 발견했듯이 끝없는 자기유사성의 연쇄라 할 수 있다.[9]

---

8   Neumann(1945), 1, 85-86.

9   Kittler(2013c), 221.

소프트웨어는 사용하기 쉬울 뿐 아니라 사용자가 직접 명령어를 입력하거나 아이콘을 클릭하고 세부 메뉴를 선택하는 등 다양한 행위를 할 수 있는 것처럼 보이므로 우리가 그것을 능동적으로 사용하는 것처럼 여기게 된다. 하지만 키틀러는 소프트웨어를 기술 진보의 결과로 보지 않는다. 그 '포스트모던 바벨탑'은 언어의 자기증식이자 기호 체계의 자율화일 뿐이다. 컴퓨터의 성능이 향상될수록 그 위에서 작동하는 소프트웨어는 점점 더 복잡한 언어의 층을 쌓아 올리지만 그 언어는 더 이상 물리적 기계의 작동과 직접 대응하지 않는다. 따라서 이 '소프트웨어의 탑'은 바벨탑의 은유가 그렇듯 인간이 만든 언어가 자기폐쇄적이고 불투명한 체계로 비대해지는 것을 의미한다. 이제 하드웨어에서 일어나는 물리적 작용은 프로그래밍 언어라는 언어적 차원으로 치환되고 기계 작동은 인간이 이해할 수 있는 편리한 도구적 영역으로 축소된다.

우리는 소프트웨어를 의미 있는 코드로 보지만 기계는 그것을 전기적 신호의 흐름으로 받아들인다. 소프트웨어에 의미를 부여하는 것은 인간이 만든 허상일 뿐이며 기계 자체는 아무 의미도 해석하지 않는다. 따라서 운영 시스템부터 GUI에까지 이르는 컴퓨터의 추상화 층은 컴퓨터라는 기계의 실체를 모호하게 만든다. 그리하여 소프트웨어가 결국 하드웨어의 기술적 한계와 조건에서만 가능하다는 사실도 잊게 한다.

또 우리가 사용하는 물리적 조립 기계들은 튜링이 제시했던 무한한 시공간의 자원과 끝없는 종이 공급, 무한정의 계산 속도를 가진 기계가 아니다. 실제 기계들은 저마다의 물질적 한계 안에서 제한된 계산 가능한 것만을 다루지만 소프트웨어의 효과에 따라 문자 그대로 만능 기계처럼 여겨진다. 특히 디지털 기술의 발전사는 계산 범위의 영역을 빠르게 확대하고 있어 그 자체가 세계인 것처럼 보이게 한다. 말 그대로 "소프트웨어는 세상을 집어삼키고 있다."[10] 반면 키틀러는 계산의 물질적 기초의 의미와 한계에 대해 질문한다. 즉 소프트웨어의 추상화에 어떤 물리적 한계가 숨어 있는지, 그런 추상화가 어떻게 인간언어중심적인 왜곡과 기만을 초래하는지 묻는다. 그리고 소프트웨어가 하드웨어의 작동을 가리는 언어적 껍질에 불과함을 보여주기 위해 마이클 콘래드Michael Conrad의 '프로그래밍 불가능성' 개념을 참조한다.

프로그래밍 불가능성과 순수한 하드웨어

1970년대와 1980년대에 활동한 생물학 및 정보 이론가이자 복잡계 이론가였던 콘래드는 생물학적 시스템과 디지털 컴퓨터 시스템을 비교하며 복잡한 생명 시스템이 디지털 프로그램처럼 완전히 기술되거나 통제될 수 없다고 주장한다. 튜링 모델은 규칙을 따르는 닫힌 시스템이지만 생물학적 시스템은 외부 자극이나

---

10   Andreessen(2011), 1.

환경 변화 등에 따라 열려 있고 비선형적이며 비결정적이기 때문이다. 그리고 그는 컴퓨팅 시스템의 세 가지 핵심 속성, 즉 프로그래밍 가능성, 계산 효율성, 진화적 적응성이 상충한다고 주장한다. 세 가지를 동시에 극대화할 수는 없다는 것이다.[11] 디지털 컴퓨터처럼 프로그램으로 기능을 바꿀 수 있는 시스템은 높은 유연성을 가지지만 속도나 에너지, 안정성 등 물리적 효율 면에서는 손해를 본다. 반대로 전용 하드웨어나 생물학적 시스템은 효율적이지만 프로그램 가능성, 즉 구조적 유연성은 거의 없다. 따라서 "생물학적 유기체는 구조적으로 프로그래밍될 수 없을 가능성이 높다. (…) 분자 구성 요소로 구성된 생물학적 유기체는 일반적으로 구조적 돌연변이를 통해 원하는 국소 규칙을 규정하는 것이 불가능하기 때문에 구조적으로 프로그래밍될 수 없다."[12] 키틀러는 콘래드가 구조적으로 프로그래밍할 수 있는 시스템과 그럴 수 없는 시스템을 구분하는 것에 주목한다.

번호 조합 자물쇠는 유한한 자동 장치이지만 일반적으로 임의의 물리적 시스템을 시뮬레이션하기 위해 재구성할 수 있을 정도로 많은 기본 유형 구성 요소의 기본 세트로 분해할 수 없다. 따라서 결과적으로 이는 구조적으로 프로그래밍할 수 없으며 그 경우

---

11   Conrad(1988), 285.

12   Conrad(1988), 300, 303.

그 상태를 제한된 종류의 행동을 위해 설정할 수 있다는 좁은 의미에서만 효과적으로 프로그래밍될 수 있다. 이에 반해, 번호 조합 자물쇠의 시뮬레이션에 사용되는 디지털 컴퓨터는 구조적으로 프로그래밍할 수 있는데, 기본 스위칭 구성 요소의 표준 세트에서 동작을 합성함으로써 동작을 달성하기 때문이다.[13]

콘래드의 공식에 따르면 구조적으로 프로그래밍할 수 있는 시스템은 안정적이고 이산적이며 독립적인 요소들을 가지나 그 요소들 간의 연결은 필연적으로 제한된다. 키틀러는 이 개념을 통해 실제 세계와 이산적 프로그램의 괴리를 설명한다. 실제 세계는 열려 있고 프로그램 세계는 닫혀 있기에 소프트웨어나 알고리듬의 체계가 포섭하지 못하는 신호의 실재성과 물질의 복잡성, 하드웨어적 외부성이 존재한다. 그리고 이산적 처리 시스템이 처리할 수 없는 실제 세계의 복잡성을 따라잡으려면 콘래드의 '프로그래밍 불가 시스템'이 보여주는 정보처리 능력이 필요하다. 그것은 튜링식 계산 모델을 초과하거나 벗어나는 방식으로 정보처리를 수행하는 시스템을 뜻할 것이다. 왜냐하면 디지털 컴퓨터는 엄청난 실제 숫자들의 눈사태, 즉 구름과 파도와 전쟁과 같은 연속적인 환경에 직면해 그것을 처리해야 하기 때문이다. 그러나 그 온전한 처리는 불가능하다. 따라서 키틀러는 이런 결론에 도달한다.

---

13   Conrad(1988), 289; Kittler(2013c), 227.

정확히 이 최대 연결성은 물리적 측면에서 파동이든 존재든 프로그래밍할 수 없는 시스템을 정의한다. 그러기에 이런 시스템은 복잡성에서 다항식 성장률을 보여주며 결과적으로 프로그래밍할 수 없는 기계에서 수행된 계산만이 이를 따라갈 수 있다. 모든 증거에서 이 가설적이지만 반드시 필요한 유형의 기계는 순수한 하드웨어, 즉 물리적 장치 사이에서 작동하고 동일한 제한된 리소스에 종속되는 물리적 장치를 구성할 것이다.[14]

키틀러가 제시하는 '순수한 하드웨어(sheer hardware)'는 소프트웨어가 없는 물질적 컴퓨팅이자 소프트웨어로 구현되는 추상화 층이라는 의미론적인 차원을 제거한 기술의 물질적 실제일 것이다. 그것은 의미나 의도, 기호 해석 없이도 스스로 작동할 수 있는 자기지시적이고 자율적인 기술적 장치로서 알고리듬이나 인터페이스가 아니라 회로와 신호의 흐름, 전압, 자기장, 전자기적인 구현 그 자체라 할 수 있다. 소프트웨어는 텍스트와 언어, 의미를 중심으로 세계를 해석해온 전통적 인문학의 관행을 지속한다. 하지만 키틀러는 그런 관점이 기술 시대에는 무력하다고 보는데, 현대 사회가 기호가 아니라 신호로 작동하기 때문이다. 디지털 컴퓨터 역시 기호를 처리하는 장치가 아니라 전자 신호와 파형, 하드웨어의 회로 등으로 작동하는 기계로 인식돼야 한다.

---

14   Kittler(2013c), 228.

그렇다면 키틀러는 튜링 머신과 튜링-처치 논제에 대해 정확히 어떤 관점을 갖고 있을까. 다음 문장들이 그 답이 무엇인지 알려주고 있다.

소프트웨어의 끊임없는 승리 행진은, 단순한 기계가 풀 수 없는 수학적인 의미에서는 계산할 수 있는 어떤 문제도 없다는 튜링의 증명에 대한 이상한 반전을 나타낸다. 이 기계의 정확한 위치에서, 물리적인 처치-튜링의 추측은 물리적 하드웨어를 계산 알고리듬과 동일시함으로써, 그리고 그것이 이득을 보는 그 모호함으로부터, 소프트웨어가 성공적으로 차지할 수 있는 공백을 만들었다.[15]

튜링은 수학적으로 계산 가능한 것과 계산 불가능한 것을 구분했다. 그는 모든 계산 가능한 함수는 튜링 머신으로 계산할 수 있다고 하지만 동시에 계산 불가능한 문제도 존재한다고 말한다. 그런데 소프트웨어의 '승리 행진'은 모든 것이 계산 가능하다고 착각하는, 혹은 착각하게 만드는 산업적·기술적 낙관주의다. 따라서 소프트웨어 산업의 자기확장 논리는 튜링 사유에 대한 전도된 수용으로 "그것은 튜링의 증명이 보여주는 것을 피할 수 있는 편안한 방법을 제공"할 뿐이다.[16] 오히려 튜링은 '계산 가능성의 정식화'를

---

15   Kittler(2013c), 224.
16   Kittler(2013c), 224.

제기함으로써 서구 형이상학이 오랫동안 망각해온 '수학의 복원'을 이뤘다. 튜링의 계산 가능성은, 언어를 논리적 계산 체계로 환원하고 기계적 계산이 가능한 형태로 정식화함으로써 기호 작용의 인간 중심적 이해에서 탈피해 기계적이고 물질적인 관점에서 언어를 다룰 길을 열었다. 이는 의미와 해석을 제거한 기계적 처리로서 철저히 비-인간적 언어 체계를 긍정하는 맥락이라 할 수 있다. 이처럼 '계산 가능한 것'과 '수학의 귀환'에 대한 환영이야말로 키틀러의 기술철학이 지닌 독특함이라 할 수 있다.

하이데거의 '철학의 종말'과 인간-기술의 관계

키틀러는 하이데거의 '도구 존재론'과 기술철학적 관점을 비판적으로 참조한다. 특히 기술철학적 특징은 후기 하이데거의 사유를 중요하게 규정하는데, 그 내용에 대해 짧게 알아보자. 하이데거는 1964년 발표한 「철학의 종언과 사유의 과제」에서 철학 이후의 사유는 무엇을 해야 하는가라는 문제를 논의한다. 그는 플라톤 이후 진행돼온 서구 철학과 형이상학의 역사가 사이버네틱스의 도래로 완수됐다고 주장한다. 그것은 비본래적 존재 방식으로서의 탈은폐(Entbergen)가 산업혁명 이후 급속도로 일변하는 과정 속에서 이뤄진다. 기술은 고대부터 이미 테크네(Techne)로 존재했으며 이는 중요한 탈은폐, 즉 무언가가 드러나는 방식 중의 하나였다. 그러나 산업혁명 이후 기술의 탈은폐 방식은 그와는 다른 모습을 보이니 하이데거는 이를 '닦달(das Gestell)'이라 칭한다.

이 새로운 유형의 탈은폐 방식에 대한 하이데거의 논의는 그의 「기술에 대한 논구」에서 집중적으로 이뤄진다. '닦달'은 어떤 것을 무언가로 닦아 세우고 도발적으로 요청하는 것이다. 현대 기술에서는 사물과 인간이, 자연과 세계가 어떤 것으로 고정되고 옴짝달싹 못 하게 붙잡혀 세워진다. 그것은 중립적이거나 무관심적으로 이뤄지는 것이 아니고, 모든 것이 하나의 특정한 방향으로 강압되고 착취되어 계산 가능성과 지배 가능성으로 몰아붙여진다.

이처럼 하이데거는 이미 1930년대부터 기술이 전 지구화로 이어지는 것을 목격하며 후일에는 지구가 하나의 사이버네틱 시스템으로 실현되리라고 예견했다.[17] 그 시대는 완전한 존재-물음 상실의 시대이자 전 지구적인 기술과학의 시대로서 전통적 형이상학으로서의 철학은 더 이상 의미가 없다. 존재 망각을 복원하기 위해 질문을 던져야 했던 철학은 그 존재 망각의 역사가 완전히 실현되고 '닦달'로서의 기술이 전면화된 시대에 새로운 사유 방식으로 전환돼야 한다. 사이버네틱스는 모든 것을 계산 가능한 것으로 환원한다. 따라서 철학의 종언 이후 사유의 새로운 과제는 모든 것을 계산 가능성으로 바꾸려는 이런 시도에 저항하고 비본래적 존재 방식의 절정으로서의 '닦달'에서 확인되는 인간중심주의와 거리를 두며 세계를 새롭게 개방하는 일이 될 것이다.

---

17   Hui(2021/2024), 111.

그리고 하이데거는 인간을 어떤 탈은폐 방식으로 몰아가는 강한 흐름을 '역운(das Geschick)'이라 칭한다. 역운은 운명과 유사한 것으로 이해할 수 있으며 그것이 존재의 역사를 구성한다. 또 인간의 의지로 조율하거나 바꿀 수 있는 것이 아니고 그렇다고 인간이 거기에 숙명적으로 지배받는 것도 아니다. 마치 물속에서 헤엄을 칠 때 그에 휩쓸리는 것도 아니고 거슬러 올라가는 것도 아니라 그 흐름에 자신의 몸을 맞춰 지속적인 상호작용을 할 때 물속에서 가장 자유롭게 움직일 수 있는 것처럼, 인간의 탈은폐 방식 역시 그처럼 역운과의 관계 속에서 작동한다.

그런데 역운이 닦달의 방식으로 전개될 때 가장 위험한 상황이 된다. 비은폐되는 모든 것이 인간에게 부품으로서만 관심을 받게 되고 인간 역시 부품의 주문자로서만 존재하기 때문이다. 따라서 인간 역시 결국엔 부품으로만 받아들여지게 된다. 이처럼 현대 기술의 탈은폐 방식은 결국 인간을 존재의 위험에 처하게 하지만 인간 자신은 그것을 깨닫지 못하고 그 모든 것을 자신이 만든 것인 양 착각에 빠진다.

한편 이처럼 닦달이 지배하는 곳에 가장 높은 위험이 도사리고 있지만 "위험이 있는 곳에는 그러나 구원의 힘도 함께 자란다."[18] 하이데거가 여러 번 인용하는 횔덜린의 시구에서 구원이란 본질이 본래적으로 나타나게 함을 뜻한다. 즉 "기술의 본질 속에서 구

---

18   Heidegger(1962/1993), 77.

원의 힘이 뿌리를 내리고 번창해 나온다."[19] 그런데 그 구원의 힘이란 구체적으로 무엇일까. 하이데거는 기술의 본질이 본래 모호하다고 하며 그 속에서 구원의 길을 찾기 위해 다시 '테크네'로 돌아갈 것을 말한다. 그리고 서양 역운의 시작인 고대 그리스에서 예술이 탈은폐의 최고의 경지에 이르렀음을 상기시킨다.

키틀러는 하이데거가 '테크네'를 인간의 역운, 즉 운명과도 같은 것으로 여기고 있는 한편으로 역운의 모든 비-인간적 함의를 끝까지 파고드는 용기를 갖고 있다고 평가한다. 하이데거의 분석은 우리가 처한 조건을 냉철하게 폭로하는 것으로 볼 수 있기 때문이다.[20] 하이데거의 근대의 이성중심주의와 주체 개념에 대한 신랄한 비판은 푸코와 라캉, 데리다 등 후기 구조주의자들의 사상에 영향을 미치고 다시 그들의 이론을 수용하는 키틀러에게도 이어진다. 즉 주체의 자기동일성과 총체성, 이성의 감성에 대한 절대적 우위 등에 기반을 두고 자연과학을 통한 인간의 무한한 진보를 믿었던 근대 철학과 과학에 대한 하이데거의 주체 비판적 관점은 키틀러에게도 근본적인 문제의식을 던지고 있다. 그것이 키틀러의 '기록시스템 1800'을 구성하는 중요한 계기이고, 그의 작업은 특정 기록시스템의 효과가 현재까지도 드리우고 있는 긴 그림자를 벗겨내는 것이다.

---

19   Heidegger(1962/1993), 81

20   Kittler(2002/2011), 15.

그러나 키틀러는 분명히 하이데거와는 다른 관점을 보여준다. 그중 대표적인 것이 바로 수학에 대한 이해와 '계산 가능성'에 대한 시각일 것이다. 하이데거는 자연에 대한 근대 물리학을 현대 기술적 본질의 선구자로 본다. "주문 요청하는 탈은폐에로의 도발적 집약이 이미 물리학 안에서 전개되고 있기 때문이다."[21] 그리고 그 근대 물리학적 이론의 토대가 바로 수학이다. 하이데거에게 수학은 곧 '계산 가능성'으로서 결국 사이버네틱스의 도래에까지 이어지는 닦달적 탈은폐 방식과 다를 바 없다.

하지만 키틀러는 튜링의 등장과 그가 제시하는 '계산 가능성'을 긍정적으로 평가한다. 키틀러는 하이데거가 말하는 '존재 망각'이 사실은 '수학 망각'임을 밝히려고 한다. 서구 형이상학은 오랫동안 수학 망각에 빠져 있었다. 따라서 키틀러는 하이데거가 암시하는 인간의 조건으로서 기술과의 관계에 동의하나 그 원인에 대한 진단은 다르다. 그 역시 하이데거와 마찬가지로 근대의 이성중심주의를 비판하나 그 원인을 수학 망각과 과도한 언어의 지배에서 찾는다. 하이데거가 '테크네'로의 귀환을 말하며 인간과 기술의 관계에서 본래성을 회복하기를 꿈꾸었듯이, 키틀러 역시 플라톤 이전의 고대 그리스로 회귀해 인간의 감각과 매체가 순수하게 연결돼 있던 시대를 복원하기를 꿈꾼다. 그것은 실제적 세계 감각의 복원이기도 하다. 그리고 그 복원을 위해서는 기계 및 기술의 자율성,

---

21   Heidegger(1962/1993), 59.

물질성에 대한 인식이 이뤄져야 한다. 튜링의 업적은 바로 거기에 있다.

따라서 키틀러의 '순수한 하드웨어'는 인간이 기술을 통제하는 존재가 아님을 보여주는 개념이다. 기술은 인간에 의해 사용되는 도구적 차원에 그치는 것이 아니라 자율성을 지닌 체계이며 자체의 논리와 물리적 조건에 의해 움직인다. 그것은 자기결정적인 구조를 가진 존재로 이해돼야 한다. 즉 키틀러는 기술 자체의 타자성에 대한 인식을 요구하고 있다.

미지의 존재 하드웨어와 그 타자성

따라서 키틀러는 하드웨어를 옹호한다. 하드웨어의 연산 처리 작업은 집적회로의 발전에 큰 영향을 받는다. 아무리 복잡한 명령이라도 계산 가능한 연산으로 분해된 뒤 처리돼야 하기 때문이다. 그런데 인간은 컴퓨터 하드웨어의 회로 상태에 대해 완전히 아는 것이 불가능하다. 왜냐하면 하드웨어 차원에선 언제나 양자역학적 터널링 같은 제거 불가능한 소음이 발생하기 때문이다. 그것은 컴퓨터가 '계산 불가능한 것'을 '계산 가능한 것'으로 만드는 과정을 수행할 때 생기는 것이다. 앞서 말했듯 디지털 컴퓨터는 이산적 정보처리 방식을 가지므로 실재 자체를 처리하는 것은 불가능하다. 컴퓨터는 이런 실재를 디지털화하는 구조를 연산하고 그 결과를 도출할 뿐이다. 하드웨어의 완전한 작동 양태는 인간에게 불투명한 것으로 남아 있다. 따라서 이는 소프트웨어를 통한 다양한 성취와 성공적 수행에 가려져 있던, 인간중심주의가 탈각되는 지점이라 할 수 있다. 키틀러는 「하드웨어, 그 미지의 존재」에서 이렇게 쓴다.

하이데거의 망치—너무 무겁거나 너무 가볍거나 어쨌든 언제나 손에 쥐어져 있던—를 대신해, 지금은 가장 물질적인 것의 비물질성이 등장했다. 이 비물질성은 이름도 갖고 있다. 그것은 '소프트웨어'라 불리며, (그 유명한 '사이버 스페이스 선언'을 인용하자면) 오늘날에는 '정신이 사물들의 거친 힘' 일반에, 그리고 특히 19세기의 원료물질주의에 대해 승리를 거두었다는 기쁜 소식을 전파하는 역할을 한다. 다시 말해 하드웨어는 더 이상 단지 알려지지 않은 존재가 아니라, 아무런 중요성도 갖지 않는 것이 돼버렸다. 소프트웨어 혹은 네트워크라 알려진 새로운 자유의 영역이 독일관념론을 마침내 구현할 수도 있는 것이다. 선한 것이든 악한 것이든 그가 손대는 모든 것이 금으로 변했던 미다스 왕처럼, 우리는 하드웨어를 가리키려 해도 이미 그것을 소프트웨어로 바꿔버리치 않고는 불가능한 지경에 이르렀다. 마치 헤겔의 정신이—그 자신이 서 있던 책의 종이를 지시하는 것이 불가능했던 데서—승리자로 등장했던 것처럼, 소프트웨어는 하드웨어를 알 수 있는 유일한 방식이 돼버렸다. 따라서 남는 것은 이 불가능성을 긍정하는 일, 즉 이른바 자연언어들을 한 걸음씩 프로그래밍 언어로 전환하고, 이렇게 변환된 모든 의미론을 서로 연결하는 일뿐이다—그러면 이미 '정신이 거친

물질에 대해 승리를 거둔' 셈이 된다.[22]

그렇다면 컴퓨터 하드웨어의 '소음'은 어떻게 이해할 수 있을까. 우리는 일상적으로 그런 상황에 대해 '작동 오류'라는 범주를 사용한다. 이런 '오류', 즉 소음의 문제는 기술과 기계에 대한 인간의 양면성을 보여준다. 여러 기계 제작을 가능하게 하는 기술은 인간에게 많은 편의를 제공할 뿐 아니라 그 자체로 인간의 본질적인 요소가 되고 있다. 그러나 기술은 또한 늘 '오류'를 일으킴으로써 그 목적성에서 이탈해 자신의 '실재성' 혹은 '타자성'을 드러낸다. 따라서 소프트웨어와 하드웨어는 각각 '정보'와 '소음'의 관계, 또는 인간의 '상징적 질서'와 그 질서 바깥이라 할 '실재'에 대한 메타포로 이해할 수 있다. 물론 이는 논의를 위해 상황을 단순화한 설명이다. 컴퓨터 장치의 오류는 하드웨어만이 아니라 소프트웨어에서도 일어날 수 있고 이제 하드웨어와 소프트웨어의 명확한 구분이 애매해질 정도로 기술이 발전한 측면도 감안해야 하기 때문이다. 그래도 소프트웨어는 최초의 개발 과정에서부터 인간의 감각, 지각, 인지능력, 인식 구조 같은 특성과 역량 등을 고려해 설계가 이뤄지고 하드웨어는 기계 메커니즘에 맞춰 설계가 이뤄졌다는 차이를 상기할 필요가 있다.

미디어 기술의 발전 과정은 지식의 수량화, 규격화, 대중화를

---

22   Kittler(1998), 124-125.

가능하게 했다. 그것은 선원근법으로 표상되는 주체 중심의 세계
관과 데카르트적 주체의 출현과 맞물리는 근대 프로젝트의 결과
다. 또 그것은 개별성과 모호함이 배제된, 질서정연한 사유 체계가
지닌 '조망 가능성'의 구축 과정이기도 하다. 따라서 하드웨어의
통제 불가능성은 이런 '조망 가능성'에서의 이탈, 다시 말해 '정상
상태에서의 이탈'로 볼 수 있다. 따라서 키틀러는 규격화되고 정량
화되는 기술의 발전에 입각해 인간이 점차 배제되는 과정을 긍정
적으로 바라보는 기술중심주의적 관점의 이론가가 아니라, 인간과
그 인공물의 관계에 대한 사유를 통해 인공물로 이뤄진 세계 속에
처한 우리의 상황을 냉철히 인식해야 한다고 주장하는 이론가로
봐야 할 것이다.

마크 핸슨Mark Hansen은 키틀러의 소프트웨어 비판에 대해, 우
리가 실재와 왕성하게 접촉하는 것을 억압하는 것이 소프트웨어
이기 때문이라고 주장한다.[23] 그리고 소프트웨어가 만들어내는 '인
간 중심적 환상'과 '인간이 기계를 도구로 자유롭게 사용한다'는
신화를 걷어내고 하드웨어라는 물리적이고 물질적인 층위를 직접
인식함으로써 그와 소통해야 한다고 말한다. 그것은 인간과 기계
의 관계를 새롭게 인식할 필요성을 제기한다. 그것은 인간이 기계
를 지배한다거나 또는 기계가 인간을 지배한다기보다는 '인간-기
계 공동 기능'이라는 모델로 생각하는 것이 적합하다.

---

23   Hansen(2015), 212.

인간과 기계는 서로 다른 척도를 통해 상호작용한다. 그리고 그 상호작용의 결과는 인간의 지각이 수용할 수 있게 산출된 정보로 나타난다. 물론 '정보화'란 실재를 인코딩한 것이고 인간은 그렇게 인코딩된 결과를 지각할 수 있지만 그 정보의 생산 과정 자체는 비-인간적인 것 혹은 기계적인 것으로서 인간 지각 영역의 바깥에 놓이게 된다. 따라서 이는 인간과 기계의 간접적 상호작용으로 이해할 수 있다. 여기서 중요한 것은 인간의 작용과 기계의 작용이 서로에게 불투명하다는 점이다. 인간과 기계는 각자의 감각 영역을 갖고 있고 그 감각 영역을 다루는 시스템 역시 서로 다르다. 따라서 기계는 기계의 작업을 하고 인간은 인간의 작업을 하고 그 결과로 초래된 감각 경험의 확장은 좀 더 고도의 질서적 관점에서만 기록될 수 있을 뿐 기계적 관점이든 인간의 관점이든 어느 한쪽으로 축소되지 않는다. 이런 해석이 시사하는 바는, 그 새로운 척도는 인간의 차원은 아니지만 인간과 무관하지는 않으며 또한 완전히 기술 결정적인 것도 아니라는 점이다. 인간과 기계의 소통은 간접적인 것이기에 그 소통은 분명히 어떤 '소통 불가능성'을 수반한다. 그것은 단순히 인간의 확장이라고 말할 수 없는 불투명함을 보여주는 기계의 타자성이라 말할 수 있다.

키틀러는 소프트웨어 회사들이 컴퓨터의 자유를 제한한다고 비판한다. "만약 컴퓨터가 미래의 모든 것은 아니라 해도, 일부나마 미래의 우연성이나 예측 불가능성을 어느 정도 감소시킬 수 있는 최초의 기계라면, 컴퓨터 자체의 우연성은 가능한 한 개방적인 상태여야 할 것"[24]이다. 애초에 컴퓨터가 개발될 수 있었던 것도 기계적 차원에서 작동하는 하드웨어를 구축했기 때문이며 그 영역이 완전히 인간적인 것으로 환원 가능하지 않다 해도 우리의 삶은 그 때문에 엄청나게 달라졌다. 디지털적 삶의 조건이라는 것은 인간과 비-인간 간 네트워크 상황의 보편화로 볼 수 있기 때문이다. 키틀러가 컴퓨터의 자유를 말할 때 그것은 기계의 타자성에 대한 인식의 필요성을 주장하는 것이기에, 그의 하드웨어 옹호는 비-인간 객체, 사물에 대한 사유로 확장될 수 있다.

사물에 대한 사유는 타자에 대한 사유와 상통한다. 타자에 대한 사유란 주체를 중심에 둔 타자와의 관계를 인식함으로써 그 중심과 대상의 관계를 전복하려는 의미를 갖는다. 객체와 사물, 타자 등은 조금씩 다르지만 탈주와 전복의 의미를 공통으로 갖고 있다. 그들은 늘 사유의 중심에서 밀려났고 라캉식으로 표현하자면 '빗금 친(barré)' 것으로만 언급돼왔다. '사물'에 대한 사유는 인간이 관찰 주체로서 사물을 수동적인 대상이나 객체로 보는 것이 아니라 인간 역시 주체와 객체, 인간과 사물의 구분 이전에 존재하는 '무엇(thing)'임을 생각하게 한다. 그리고 이런 '사물 되기' 사유를 통해 인간은 사물과 동등해진다.

컴퓨터의 하드웨어 영역은 기술에 대한 인간의 완전한 통제가 불가능하다는 것, 그리고 인간에 의해 통제받는 영역이 기술의 전

---

24   Kittler(1998), 131.

부가 아님을 보여준다. 이제 컴퓨터는 도구가 아니라 객체, 사물이 된다. 그리고 컴퓨터의 통제 불가능함이 우리에게 보여주는 것은, 컴퓨터가 인간을 지배하는 어떤 디스토피아적 상황이 아니라 그것이 단지 '실재'로서 거기 그렇게 있다는 사실이다. 그것은 사물이다.

인간은 자신이 만들어낸 산물을 온전히 통제하지 못하는 상황에 있을 뿐 아니라 그런 조건하에서 살 수밖에 없는 처지임을 인식한다. 그런 인식은 흔히 테크노포비아적 감정, 즉 내가 만들어낸 피조물에 의해 파멸을 맞게 되는 프랑켄슈타인 박사의 운명으로 표상된다. 그러나 그런 두려움은 우리의 세계는 인간만의 세계가 아니라 비-인간과 공존하며 살 수밖에 없는 세계임을 망각한 데서 비롯되지 않을까. 사실상 인간은 늘 그런 세계 속에서 살아왔기 때문이다. 오히려 근대 이후 기술이 발전하면서 인간이 통제할 수 있는 영역이 넓어지고 문제 해결 능력 역시 높아짐에 따라 원래 비-인간과 공존하며 살아온 삶의 조건에 대한 인식이 희박해졌다고 볼 수 있다. 또 그런 통제 행위에 수반될 수밖에 없는 '통제 불가능성'에 대해 의식적이든 아니든 두려움을 느끼게 된 결과 디스토피아적 전망을 갖게 됐다고 볼 수 있다.

왜 우리는 우리가 만들어낸 산물들을 완전히 통제해야 하나. 왜 우리는 우리가 만들어낸 산물의 주인이어야 하나. 왜 인간은 늘 '주체'이기를 원하는가. 우리는 이런 것들을 질문할 생각도 하지 않은 채 당연시하며 언제나 '주체'로 서려고 하고 이를 막는 방해물을 제거하는 방식으로 살아왔다. 그러나 오늘날 우리가 당면하는 문제의 상당수는 바로 그런 삶의 방식과 세계관에서 비롯된 것이 아닌지 물어야 한다. 인간은 늘 비-인간, 타자와의 관계에 참여하며 살아왔고 살아야 한다. 인간은 언제나 비-인간과의 관계 속에서 비로소 인간이 된다.

사물에서 발견하는 구원의 계기

애니메이션 '월-E'로 돌아가보자. 토마스 엘세서Thomas Elsaesser는 '월-E'와 또 다른 픽사 애니메이션 '토이 스토리'를 논평하며 이 영화들이 살아 있는 것과 살아 있지 않은 것, 삶과 그와 유사한 것의 관계, 특히 사물과 객체, 주체가 세계(의 사물)와 맺는 객관적 관계에 대해 생각하게 한다고 말한다. 기술이 우리의 환경에 점점 더 깊숙이 침투함에 따라 세계에 대한 우리의 관계는 우리가 통제하고 우리의 의지대로 이용하는 단순한 도구보다는, 점점 더 환경을 능동적으로 변화시키는 '주체처럼 행동하는 객체'에 의해 규정된다는 것이다.

그런 점에서 '사물'이 된다는 것은 아무 행위도 하지 못한다는 부정적 의미가 아니라 '행위력'의 재배치를 통한 새로운 행위 가능성을 제시하는 것으로 봐야 한다. 그 새로운 행위 가능성은 오직 한 가지 운명으로만 나타나지는 않을 것이다. 그렇다면 지금 현재 우리에게는 어떤 '사물 되기'가 가능할까. '주체'는 능동적인 수행성으로 세계를 변혁하고 생성한다. 주체로서의 인간은 더 나은 세상을 만들고 더 좋은 사회를 이룩하려고 한다. 그러나 지금은 세계의 생성이 아니라 이미 생성된 것들을 치우고 청소하는 일이 필요한 시기가 아닐까? 환경을 능동적으로 변화케 하는 '주체처럼 행동하는 객체'는 생성된 세계를 치우고 청소하는 것을 목표로 하는 수행력을 보여준다고 해석할 수 있지 않을까.

이는 '월-E'에서 탐사 로봇 '이브'가 지구에서 채취해 온 풀 한 포기 때문에 인류가 지구로 귀환하기로 결정한다는 모티브에서도 드러난다. 극심한 환경오염에 시달리며 쓰레기만 남아 있던 지구를 긴 시간 묵묵히 청소해 부족하나마 식물이 다시 광합성을 할 수 있게 만든 것은 인간이 아니라 로봇-기계이기 때문이다. 이처럼 '사물 되기'의 관점을 통해 우리는 기술이 '2001 스페이스 오디세이'의 무시무시한 인공지능 'HAL 9000'이나 '터미네이터' 같은 존재도, 그렇다고 단순한 도구도 아니고 우리와 지속적으로 상호 참여하는 것임을 생각하게 된다. 그리고 '액시엄'의 인간들은 자신들의 구원자가 작은 청소 로봇 '월-E'였음을 잊지 말아야 한다. 그것은 키틀러가 인용하는 아리스토텔레스의 주장대로 "인간은 우주에 존재하는 최선의 존재가 아님"[25]을 보여준다.

---

25   Kittler(1998), 131.

2장

컴퓨터 그래픽스의
텍스트성과 알고리듬

하이데거는 근대사회를 '세계상의 시대(Die Zeit des Weltbildes)'로 규정한다. 우리가 살고 있는 세계 자체가 하나의 '그림'으로 표상 가능하게 됐다는 말이며 세계가 주체인 인간이 탐구하고 분석하는 '대상'으로서 마치 그림처럼 정렬해 펼쳐지게 됐음을 함축한다. 따라서 인간은 그 앞에서 마치 그림을 한눈에 파악하듯 세계를 파악한다. 세계, 즉 존재자 전체가 이를 표상하는 인간의 척도에 의해서만 존재하는 것으로 받아들여지게 된다는 것이다. 그것은 "세계에 대한 하나의 상'이 아니다. 오히려 '세계'가 '상'으로서 파악되는 것이다."[26] '세계상'이라 하니 마치 고대에는 고대의 세계상이 있고 중세에는 중세의 세계상이 있는 것처럼 여겨지나 세계를 '상'으로 파악하는 세계관이야말로 근대의 특징이기에 당연히 고대의 세계상이나 중세의 세계상 같은 것은 존재하지 않는다.

---

[26] Heidegger(2003/2008), 151

　　이런 상황은 하이데거가 분석하는 근대적 학문의 본질 속에서 더 구체적으로 파악할 수 있다. 근대적 학문의 본질인 대상에 대한 '연구'는 인식 활동이 존재자의 영역 속으로 접근해 들어가는 행위로서 스스로를 정립하는 것이자 연구가 이뤄질 영역을 구축하는 작업이다. 즉 근대의 학문이란 인간이 세계를 파악하고 이해하는 인식 활동의 어떤 전형적인 모델, 즉 '특정한 밑그림'이 구체화되는 과정이자 하나의 대상 구역을 '표상'하는 것이다.[27] 물론 세계를 이해하려는 인간의 노력은 어느 시대에나 있었다. 그러나 데카르트 이래 근대적 인간은 유독 세계를 관찰자의 눈으로 '표상'함으로써 이해한다. 따라서 '세계상'이란 세계를 수많은 구역으로 나누고 특정 구역에 대해 과학적 패러다임과 기술적 방법으로 접근하는 근대의 특성으로만 가능한 개념이라 할 수 있다. 세계가 표상 가능한 것이 됐다는 하이데거의 분석은 현재도 유효하다. 오히려 플랫폼 기술이나 알고리듬 기반 인공지능 같은 새로운 데이터 추출·기록 기술을 통해 그 강도와 밀도는 하이데거가 살던 시대보다 훨씬 강해진 듯하다.

　　따라서 우리 시대의 구체적이며 감각 가능한 이미지에 대한 분석을 통해 우리 시대의 세계상에 대해 알아보고자 한다. 오늘날의 대표적 이미지로는 먼저 디지털 이미지와 컴퓨터 그래픽이 있다. '인공지능 이미지' 역시 강하게 떠오른다. 이 이미지들은 비슷한

27　　Heidegger(2003/2008), 134-138

듯하나 기술적으로 조금씩 다르다. 디지털 이미지는 주로 디지털 사진이나 스캔 이미지, 의료용 CT처럼 빛 정보를 픽셀 단위로 디지털화한 것이다. 카메라나 센서를 통해 얻어지는 경우가 많아 기록의 성격을 갖고 있다. 반면 컴퓨터 그래픽은 프로그램을 이용해 제작된 이미지로 3D 모델링이나 기하학적 렌더링을 따르며 수학적 연산과 알고리듬을 통해 점, 선, 면, 텍스처 등을 계산해 화면에 구성한 것이다. 즉 합성 이미지라 할 수 있다. 디지털 사진이나 의료용 이미지 등은 세계의 흔적을 픽셀로 치환한 것이기에 여전히 현실 세계와 연결돼 있다면, 컴퓨터 그래픽은 가상적인 이미지라는 차이가 있다. 오늘날의 인공지능 이미지는 데이터 셋을 학습한 프로그램이 통계적 패턴을 바탕으로 새로운 이미지를 합성한 것이다. 이는 기하학적 렌더링이 아니라 확률적 데이터 합성이라 컴퓨터 그래픽과 동일하다고 볼 수는 없다. 하지만 게임 산업이나 영화 같은 영역에선 컴퓨터 그래픽 작업에 인공지능을 많이 활용하고 있는 것도 사실이다. 또 넓게 보면 컴퓨터 그래픽 역시 디지털 이미지라는 용어로 부를 수도 있다.

키틀러는 컴퓨터 그래픽에 관한 분석을 통해 디지털 시대 이후의 새로운 이미지의 성격이 전통적 이미지, 아날로그 시대의 기술적 이미지와 어떻게 다른지 논의한 바 있다. 컴퓨터 그래픽은 1960년대에 등장해 이제는 예술은 물론 대중문화와 엔터테인먼트 산업, 의학, 우주항공학, 교육학 등 광범위한 분야에 걸쳐 제작, 사용되고 있다. 따라서 미디어를 정보처리 기술로 보는 키틀러가 우리 시대의 '이미지'에 대해 어떤 언급을 하는지 분석해봄으로써 '디지털 시대'로 통용되는 현대의 본질적 현상을 그 기술적 특성과의 연관 속에서 파악할 수 있을 것이다.

대중문화 속의 컴퓨터 그래픽

컴퓨터 그래픽이 우리 일상 속으로 빠르게 침투해 들어올 수 있었던 것은 영화와 TV 프로그램, 각종 CF, 인터넷 등 영역에서 디지털 이미지의 비중이 질과 양 모두에서 크게 성장했기 때문이다. 특히 대중문화 영역에서 컴퓨터 그래픽은 놀라운 정교함을 갖춘 핍진성으로 우리의 시지각적 환경과 인식 영역에 큰 영향력을 행사하고 있다.

컴퓨터 그래픽의 힘은 어디까지가 진짜이고 어디까지가 가공인지 알 수 없는 그 모호한 지점에서 발생한다. 1970년대 '스타워즈' 시리즈에서 시작된 영화와 컴퓨터 그래픽의 만남은 이후 블록버스터 영화의 정의를 새로운 기술 효과의 전시장으로 바꿀 정도가 되고, 광고 분야의 이미지 제작 역시 컴퓨터 그래픽 없는 광고는 아예 존재하지 않는다고 할 정도로 전적으로 그 기술에 의존하고 있다. 사진적 사실성을 특징으로 하는 컴퓨터 그래픽은 실재와 가상을 구별하기 힘든 그 힘을 발휘하며 일상에 스며들어 우리의 이미지 경험에 지대한 영향을 미친다.

그런데 놀라운 사실성을 보여주는 오늘날의 컴퓨터 그래픽은 초창기 시절, 즉 초록색 디스플레이 위에 점들로 구성되던 시기와 기술적으로 달라진 것이 별로 없다. 즉 그것의 기술적 뿌리가 전쟁 기술의 일환으로 개발된 레이더에 있다는 사실, 또 초록색 스크린 위의 흰 도트는 적기를 표상하며 이는 마우스 클릭으로 격추해야 하는 대상이었다는 역사는 달라지지 않는다.[28] 최초의 컴퓨터 그래픽 언어는 1960년대에 등장했는데 그 당시는 가는 선으로 이뤄진 벡터 그래픽만 가능하고 연속적인 톤의 이미지나 다양한 색상을 사용할 수 없었다. 따라서 1960년대의 컴퓨터 그래픽은 매우 단순할 뿐 아니라 컴퓨터의 수학적 연산과 논리를 충실히 재현한다는 특징을 보여준다. 당시의 그래픽 결과물을 현재의 것과 비교하면 매우 조악하고 불완전해 보이는 것이 사실이다. 하지만 그런 초기 컴퓨터 그래픽은 이미 현재의 디지털 이미지가 보여주는 질적 특성을 확보하고 있었다.

이런 관점은 키틀러가 우리 시대의 기술, 특히 주요 미디어 기술이 전쟁 테크놀로지를 출발로 삼고 있음을 강조한다는 점에서 새로운 것은 아니다. 그러나 이를 단지 "매클루언의 낙관론에 대한 반동인 양 전쟁 기계에 사로잡혀 강압, 공격, 파괴, 감시, 선전 선동, 스펙터클 등의 예술이 기술적으로 혁신돼온 흔적을 좇는"[29] 강박증에 불과한 것으로 치부할 일도 아니다. 키틀러는 디지털 매체

---

28   Kittler(2011), 31-32.
29   Mitchell(1992/2005), 308

에 대해 간결한 정의를 내린 바 있다.

> 뉴스와 채널의 일반적인 디지털화는 개별 매체들 사이의 구분을 사라지게 한다. 사운드와 이미지, 음성과 텍스트는 단지 표면 효과로서만 존재하는데, 이는 소비자들에게 인터페이스라는 멋진 이름으로 알려져 있다. (…) 컴퓨터 속에서는 모든 것들이 숫자이다. 이미지도 없고, 소리도 없고, 단어도 없는 양적인 존재. (…) 이제 모든 매체를 다른 매체로 전환하는 것도 가능하다. 숫자로 불가능한 것은 없기 때문이다. (…) 총체적인 매체연합이 매체 개념 자체를 흡수한다.[30]

이미 1980년대 중반에 내렸던 그 정의는 이제 디지털 매체에 대한 일반적이고 보편적인 개념이 됐다. 키틀러가 디지털 매체를 논할 때 특히 그것의 매체 통합적 특징을 강조하는 이유는 그 점이 아날로그 매체와 결정적으로 다른 지점이기 때문이다. 그는 축음기나 영화 같은 아날로그 매체를 분석할 때 상호 호환이 매우 어렵다는 점을 지적해왔다. 그러나 그 모든 매체의 경계가 사라진다면 간단한 모드 전환만 있을 뿐 디지털 매체가 사실상 유일한 매체로 남게 된다.

또 매체의 경계가 사라진다는 것은 우리의 감각기관에 전해지

---

30   Kittler(1986/2019), 14.

는 다양한 유형의 정보들이 본질적으로 동일한 속성을 갖는다는 의미이며, 그때 특히 그 정보들이 이진법 숫자 체계로 구성돼 있다는 점이 중요해진다. 그리고 초기의 컴퓨터 스크린이 적의 항공기를 추적하는 레이더 기술에서 비롯됐다는 기술적 기원은 컴퓨터 스크린 위의 모든 도트가 저마다의 위치값을 부여받고 있다는 중요한 특징을 말해준다.

컴퓨터 그래픽의 텍스트성: 문자와 이미지의 관계

우리가 컴퓨터 스크린에서 커서를 이용해 특정 위치를 지정할 수 있는 것은 스크린을 구성하는 기본 단위에 주소가 부여돼 있기 때문이다. 이와 마찬가지로 디지털 사진이 카메라로 생산되든, 컴퓨터 그래픽 시스템이 커서를 이용해 전자페인팅 이미지로 생산되든, 3D 컴퓨터 그래픽 시스템을 이용해 생산되든 모두 일정한 코드화 계획에 따라 하나의 정수를 하나의 픽셀에 할당한다는 사실은 공통적이다.[31] 이것은 음악에서도 마찬가지다. 디지털 녹음을 하려면 음을 샘플링하고 수치화해야 하기 때문이다.

그런데 저마다의 주소를 갖는 픽셀들로 구성되는 이미지는 문자로 구성된 텍스트와 같은 구조를 갖게 되는데 바로 그 때문에 컴퓨터 모니터에서 텍스트와 그래픽 모드 사이의 전환에 아무 문

---

31   Mitchell(1992/2005), 56

제도 없게 된다.[32] 또 같은 이유로 디지털 기술의 정보처리 속도가 아날로그 시대와는 비교도 할 수 없을 정도로 빨라진다. 우리는 컴퓨터 그래픽을 이미지로 인식하나 실제 그 구조는 문자 텍스트와 동일하다고 봐야 한다.

그렇다면 문자의 특성을 생각해보자. 문자 텍스트는 발화된 말을 저마다의 공간 배치를 통해 질서를 부여함으로써 구성된다. 그때 문자의 의미는 문법 구조에 따라 배열된 이웃 문자들과의 상호작용, 즉 '기표 연쇄'에 의해 발생한다. 키틀러에게 "매체란, 무엇보다도 데이터 혹은 기호들의 저장, 전송, 재생을 위한 문화적 기술"[33]이기 때문에 그에게 문자는 매우 중요하다.

또 문자 텍스트는 시간의 흐름에 따른 정보를 공간 좌표 위에 배치하게 하는데 이런 배치가 반복 및 변경 가능성을 엶으로써 시간 조작을 가능하게 한다. 키틀러는 매체의 이런 특성을 중시한다. 그가 문자를 매체로 보는 것은 그것이 시간을 공간화함으로써 교환과 전도 등 조작을 가능하게 하기 때문이지 메시지를 전달하기 때문이 아니다. 다시 말해 문자가 텍스트로 구성돼 메시지를 전달할 수 있는 것은 바로 시간의 공간적 배치와 그 구조 속에서의 반복과 교환 가능성 때문이다. 컴퓨터 그래픽, 더 나아가 디지털 매체를 통해 생산된 정보가 이진법 숫자 코드로 이뤄져 있음을 강조

---

32   Kittler(2011), 32

33   Krämer(2004), 12.

하는 키틀러는 바로 이런 맥락에서 그 정보를 텍스트적 성격을 가진 것으로 본다고 말할 수 있다. 컴퓨터 그래픽의 특징을 텍스트성으로 볼 수 있다는 것이다.

그렇다면 컴퓨터 그래픽은 어떤 층위에서 우리에게 시각적 이미지로서 의미를 가질까. 즉 컴퓨터 그래픽의 이미지 형상이 픽셀과의 관계 속에서 나타나게 된다면 그것이 이미지로서 의미를 갖는 수준은 어디일까. 이 질문은 문자 매체에도 동일하게 제기될 수 있다. 글의 의미는 어디에서 발생하는가. 음소인가, 음절인가, 단어인가, 문장인가. 이 질문은 글쓰기에 대한 데리다의 논의를 떠올리게 하는데, 데리다는 글쓰기가 음성언어의 '위험한 보충물'이라는 루소의 견해에 반대한다. 데리다는 언어의 일반적 조건이 되풀이의 가능성이고 언어의 기초는 반복과 재구술에 있음을 주장하며 글쓰기가 말의 영역을 침범하는 과정을 추적한다. 그리고 대리보충의 다른 이름이 차이/지연이라 주장하며 글쓰기의 독자적 가치를 주장한다.[34] 또 대리보충으로서의 문자 체계 중 알파벳 문자는 절대적인 대리 표상으로서 시니피앙 체계이며 그것의 시니피에는 시니피앙, 즉 음소라 말한다. 이는 텅 빈 기표로서 알파벳 문자가 지닌 순수한 표상성을 지칭한다. 세계, 존재, 대상, 심지어 인간의 음성과도 닮지 않은 순수한 기호인 셈이다.

이런 데리다의 논의를 염두에 두고 컴퓨터 그래픽의 특성을 다

---

34   Derrida(1967/1996), 296-297

시 생각해보면 그 텍스트성은 이중성을 갖는다고 볼 수 있다. 첫째, 컴퓨터 그래픽의 개별 픽셀은 그 자체로는 무의미하고 이웃 픽셀들과의 관계 속에서 이미지로 형성된다. 우리는 픽셀의 공간적 배치와 연쇄적 질서 속에서 형성되는 이미지를 경험한다. 각 픽셀은 위아래, 좌우에 이웃 픽셀을 갖게 되며 그 관계 속에서 이미지가 구성된다. 이렇게 구성된 픽셀 이미지는 표면적으로는 매우 사실적이기에 우리는 이를 전통적 이미지와 시각적으로 구별하기 어렵다.

컴퓨터 그래픽의 두 번째 특성으로 그 이미지를 형성하는 픽셀들이 0과 1의 이진법적 텍스트를 매트릭스로 갖는 점을 들 수 있는데 이는 그것의 본질에 해당한다. 이 이진법적 텍스트는 앞서 데리다가 말하는 기의 없는 기표인 표음문자를 한 단계 더 추상화한, 더 '절대적인 대리 표상'이라 할 수 있다. 근원과의 접점은 더 무無로 수렴되고 '대리 표상'은 말 그대로 그 의미 자체를 잃어버리는 지점이기에 디지털 언어의 이진법 텍스트의 자리가 바로 거기라 하겠다. 컴퓨터 그래픽의 이런 특성이 이미지에 대한 접근과 조작 가능성을 폭발적으로 높였고 그 결과 현대는 엄청난 양의 이미지가 생산, 유통되는 시대가 됐다.

이런 맥락에서 키틀러가 '이미지'를 어떻게 이해하는지 알 수 있다. 그에게 이미지란 '가시성' 및 '광학 기술'과 무관할 수 없다. 그의 광학적 미디어에 관한 논의에서 르네상스 시대는 매우 중요한데 그 이유는 선원근법의 개발과 카메라 옵스큐라 장치 때문이다. 그는 그림에서 내용이 무엇이고 의미가 무엇인지를 묻는 것이 아니라 기술이 시각적 형식으로 의미를 발생시키는 과정에 어떻게 영향을 미치는지를 묻는다. 시각적 매체에서 의미란 특정한 가시적인 내용을 연구함으로써 얻어지는 것이 아님을 분명히 하는 것이다.[35] 이는 컴퓨터 그래픽의 경우도 마찬가지다. 즉 디지털이라는 새로운 정보처리 기술이 시각적 형상화 과정에 어떻게 작용하는가가 중요하다. 컴퓨터 그래픽은 광학적 이미지들인 사진이나 영화와 달리 현실 세계의 빛을 직접 기록하지 않는다. 그 대신 수학적 공식과 알고리듬을 거쳐 이미지가 생성된다. 컴퓨터 그래픽은 이미지를 만드는 기술이 아니라 수학적 연산이 이미지로 현현하는 장치의 산물이다. 이는 디지털 기술의 텍스트성이 이미지 형상과 어떤 관계를 맺는가를 살펴야 하는 이유가 된다.

문자와 이미지의 관계는 복잡하다. 예컨대 문자는 발화된 말의 기록만이 아니라 그림이기도 하다. "문자를 기록된 말이라고 번역하기에는 너무 짧고 시각적 형태로 논하기에는 너무 압축적이다. 말하자면 문자는 레싱의 라오쿤 이래로 유럽의 정신사에서의 언어와 이미지에 관한 고전적인 구분에 저항한다."[36] 그렇다면 컴퓨터 그래픽은 이미지인가, 텍스트인가. 또는 여기서 문자와 이미지는 어떤 관계에 있다고 봐야 하는가. 키틀러는 그에 대해 직접 답

---

35 Fliethmann(2011), 57.

36 Krämer et al.(2012), 14.

하지 않는다. 다만 "컴퓨터 그래픽은 적절한 하드웨어적 조건에서 작동하는 특정 소프트웨어 프로그램의 결과물이 시각적 형상물로 제공되는 것"[37]이라 말한다. 즉 컴퓨터 그래픽이 이미지로 보이는 것은 표면 효과다. 그것은 '디지털 기술이 시각 이미지 형성에 텍스트성이라는 특성을 부여하는 새로운 유형의 이미지'라고 할 수 있다. 또 문자와 이미지 사이의 전통적인 차이는 이제 그들이 디지털 플랫폼을 공유한다는 기술적 변화에 따라 새로운 논의가 필요하게 됐다고 말할 수 있다.[38] 대리보충이 아닌 독립된 '에크리튀르' 개념을 중시하는 데리다에게 이미지란 일종의 글쓰기가 되면서 그 위상이 역전되듯이, 키틀러에게서도 디지털 시대의 이미지는 텍스트성을 통해 파악되는 정보처리 결과물이 되는 셈이다.

디지털 매체는 "비트가 광학 매체의 외관상 지속성과 청각 매체의 실재적 지속성을 철자로 분절하고, 이 철자가 다시 숫자로 분절된 것"이다.[39] 마르티나 쇱Martina Schöb은 이에 대해 "컴퓨터가 등장한 이후 상징계는 원칙적으로 교체됐다. 타자기만이 아니라 컴퓨터 역시 키틀러에게는 상징계를 질서 짓는 것이기 때문이다. 무엇보다 타자기는 원칙적으로 컴퓨터와 같은 성능을 발휘한다. 키틀러에게 상징적인 것은, 라캉에게서와 똑같이, 언어와 더불어 사회적 규범과 기계를 결합하는 것이다. 키틀러는 라캉의 명제를 인

---

37   Kittler(2011), 31.

38   Fliethmann(2011), 55

39   Kittler(1986/2019), 432.

용하며, 가장 복잡한 기계는 오직 언어와 함께 만들어진다는 것"[40] 이라 말하고 있다. 즉 컴퓨터는 디지털 '언어'를 사용하는 것으로서 이 언어는 광학적, 청각적 미디어의 '정보' 역시 문자와 숫자로 축소해 동일화한다. 쉽이 말하고 있듯 키틀러는 라캉의 개념인 상징계(Symbolic)를 차용하지만 그 의미는 비슷하면서도 다르다. 키틀러에게 문자가 상징계적 질서에 속하는 것은 감각적 정보를 상징적 그리드로 포착했기 때문이며 이는 디지털 언어에서도 마찬가지다. 상징계는 객관적 언어 혹은 법칙의 질서이기에, 이는 개별 매체들의 문턱을 다 없애고 하나의 질서로 정보처리 기법을 통일한 디지털 기술이 이진법적 숫자-문자 체계에 입각한 새로운 글쓰기 유형임을 강조하는 말로 이해할 수 있다. 다만 이 문자적 코드는 더 이상 인간이 읽을 수 있는 언어가 아니고 기계가 판독하는 비-인간적 문자 체계다. 컴퓨터는 실재를 코드화해 연산 가능한 형태로 환원한다. 그것은 실재에 의해 한계 지워지고 실재와의 마찰 속에서 작동한다.

알고리듬 혹은 축소와 왜곡

우리가 컴퓨터 그래픽을 아무리 영사기에 비추어 본다 해도 이진법 숫자 계열이 보이지는 않는다. 영화 '쥬라기 공원'(1993)에서

---

40   Schöb(2010), §.4.

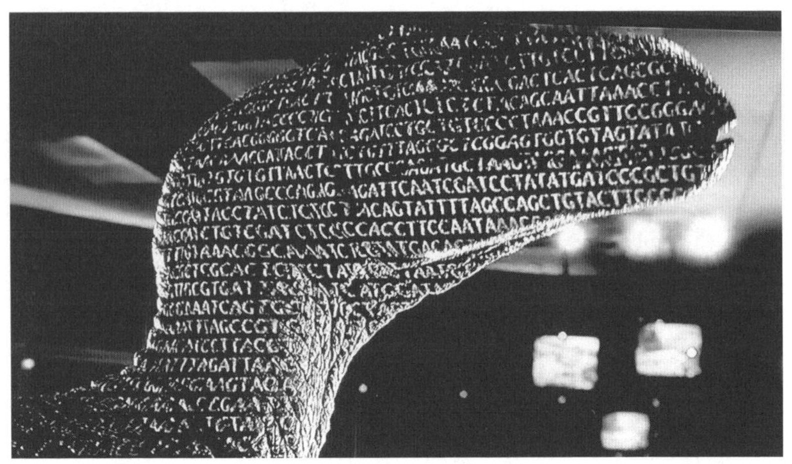

영화 '쥬라기 공원'(1993)에서 벨로키랍토르에 쫓기는 장면 중 빛에 비쳐 보이는 피부의 DNA 염기 서열.
사진 유튜브 캡처

벨로키랍토르가 영사기의 빛을 받을 때 그 피부에 화석에서 공룡을 복제하는 데 사용됐던 DNA 코드가 문자 서열로 비치는 것은 매우 센스 있는 은유인 셈이다.[41] 또 우리가 아무리 컴퓨터 그래픽을 의심의 눈초리로 바라보더라도 그 핍진성과 시각적 사실주의는 날로 정교함을 더하고 있다. 심지어 보드리야르는 이제 이미지는 원본의 미메시스가 아니라, 실재보다 더 강력한 힘을 발휘하는 시뮬라시옹으로 전환됐다고 말하지 않나.

이미지의 지시 대상이 없어졌다는 것은 오랜 논쟁을 이어온 본질과 재현의 문제는 물론이고 존재론에서 중요하게 다뤄진 본질

---

41   Mitchell(2005/2012), 426.

과 현상에 대한 논의가 전혀 다른 양상으로 흐르게 됨을 의미한다. 디지털 이미지가 이제 가상과 진리, 가상과 본질의 경계를 무의미하게 만드는 상황을 두고 보드리야르는 시뮬라크르가 지배하는 시대라고 규정한다.

그런데 키틀러는 보드리야르의 '시뮬라시옹' 개념이 매개된 것과 현실의 융합을 의미하며 이는 실재로서 존재하는 것과 그렇지 않은 것 간의 분리를 지양한다는 뜻이라고 해석한다. 그리고 그 개념을 통해 전통적 예술과 기술적 매체를 구분할 수 있다고 주장한다.[42] 전통적 이미지는 일종의 관습의 산물이다. 예컨대 중세 모자이크나 회화에선 회화 공간의 위쪽에 그려진 사물이 공간적으로 뒤에 있음을 의미하곤 하는데 당시 사람들은 이를 자연스럽게 받아들였다. 그것이 3차원 공간을 표현하는 관습이었기 때문이다. 따라서 키틀러는 회화란 겉보기에는 리얼리즘적인 것 같지만 본질적으로는 규약, 즉 관습이 명백히 작용하는 예술인 반면 기술적 미디어는 말 그대로 시뮬라시옹을 창출한다고 주장한다.[43] 회화를 이해하려면 관습과 규약을 알아야 하지만 기술적 이미지는 그럴 필요가 없다. 예컨대 영화는 초당 24컷의 필름이 빠른 속도로 지나감으로써 우리 눈에 움직이는 상으로 보이는데 이런 표준은 인간의 지각 구조의 특성에 적합하도록 보이는 과정을 통해 구축됐기

---

42   Kittler(2002/2011), 62.
43   Kittler(2002/2011), 63.

에 그것을 보기 위해 특별한 지식이나 훈련이 필요하지 않다. 다만 익숙해지기만 하면 될 뿐이다. 영화는 우리의 눈이 지각할 수 있는 것과 가장 유사한 속도로 필름을 영사함으로써 시뮬라시옹을 형성한다.

그렇다면 저토록 우리의 눈을 매혹하는 디지털 시대의 이미지는 어떤 방식으로 제작되는가. 즉 컴퓨터 그래픽의 시뮬라시옹 효과는 어떤 기술로 가능해졌는가. 1959년 최초의 상업적인 드럼 플로팅 장치인 캘컴 디지털 플로터가 생산되면서 컴퓨터 그래픽스의 시대가 예고됐다. 플로터는 선의 구성을 묘사할 수 있는 컴퓨터로 조절되는 제도 기계였다. 그리고 보잉사 연구원인 윌리엄 페터가 플로터로 출력된 그림을 컴퓨터 그래픽스라 지칭하면서 그 용어의 역사가 시작된다.

컴퓨터 그래픽을 위한 소프트웨어는 매우 다양하나 그중에서도 3D 렌더링 기술의 진보는 사실적 이미지 연출에 매우 효과적이었다. 렌더링은 기획 단계에 있는 제품을 누구나 이해할 수 있게 그 외관을 실물 그대로 그린 완성 예상도를 말하는데 모델링된 작업에 실재감을 부여해 이미지를 창조하는 과정이기도 하다. 색이 있는 3차원 사물에 음영을 줘 사실감을 연출하는 이런 기술은 16세기 물리학자 요한 하인리히 람베르트의 작업에 기초한 것이었다. 빛이 물체에 닿을 때 반사되는 빛의 명암을 다루는 그의 코사인 법칙을 3D 컴퓨터 그래픽스에 적용해 색상이 있는 고체를 만들어낼 수 있었다.[44] 그리고 3D 그래픽스에서 렌더링은 여러 방향으로 연결된 표면이 광원을 받는 각도에 따라 밝은 부분과 어두운 부분을 달리하는 것을 계산해 실재감을 부여하는 것으로 시작한다. 이렇게 음영을 표현하는 것을 셰이딩이라 하는데 3D 그래픽스에서 셰이딩이 중요한 이유는 바로 빛의 표현이 이뤄지는 부분이기 때문이다.

네덜란드 바로크 시대의 화가 요하네스 페르메이르는 실내를 은은히 감도는 빛, 사물의 표면에 떨어지는 빛이 그 질감을 얼마나 섬세히 드러낼 수 있는지를 표현한 것으로 유명한데 카메라 옵스큐라를 사용해 작품 활동을 한 것으로 알려졌다. 키틀러는 페르메이르의 빛 효과의 표현이 빛의 반사와 굴절의 법칙을 기본으로 하고 있음에 주목한다.

그런데 컴퓨터 그래픽이 소프트웨어의 결과물인 이상 어쩔 수 없이 그것이 알고리듬의 산물임을 상기해야 한다. 우리는 애니메이션에 등장하는 원숭이 털이 바람이 불어올 때 부드럽게 일렁거린다거나 투명한 유리병에 빛이 머무는 모습, 또 그 병 뒤로 사물들이 비쳐 나타나는 장면을 흔히 본다. 키틀러는 이런 효과를 내는 데 사용되는 두 가지 주요 알고리듬을 언급하는데, 광선추적(ray-tracing)과 방사선법(radiosity)이 그것이다. 키틀러가 이 두 알고리듬을 언급하는 것은 그것이 제임스 카지야James Kajiya의 렌더링 방정

---

44   Mitchell(1992/2005), 133

식을 보완하는 실용적인 방식으로 평가되기 때문이다. 1986년 발표한 카지야의 적분 공식은 모든 광원의 빛 에너지의 공간적 분포와 스펙트럼 분포, 특정 시점에서 보이는 표면들의 반사 특징들뿐 아니라 장면 내 모든 표면 사이의 상호 반사작용을 고려한 것으로 표면에서의 빛 강도를 계산하는 방식이었다.[45]

광선추적 알고리듬은 가상 세계의 모든 물체에 대해 쏘여진 광선을 추적한다는 의미다. 즉 물체가 빛을 받는 초점으로부터 반사되는 빛과 그 표면의 상호작용을 고려해 해당 지점의 색과 광도를 표현하는 방법이다. 키틀러에 의하면 광선추적 알고리듬 역시 원래 군사기술로 개발된 기법이었다. 즉 레이더로 적기를 추적하는 기술에서 비롯된 것이다. 그런데 이 알고리듬의 역사는 키틀러가 말하는 것보다 훨씬 길다. 이는 이미 데카르트에 의해 구축된 굴절과 반사의 법칙을 따르는 것이기도 하고 브루넬레스키의 초기 투시도 연구까지 거슬러 올라가는 개념을 정교하게 체계화한 것이기도 하다. 알브레히트 뒤러Albrecht Dürer의 유명한 판화 〈누워 있는 여성을 그리는 화가〉(1525)에서 화가가 하는 작업은 광선추적법을 예시적으로 보여주는데, 관찰자의 눈과 장면 사이에 투명 스크린을 놓고 모양과 색을 실제 장면과 일치시키며 스크린 위에 그림을 그리면 정확히 투시 장면을 형성할 수 있다는 것이다. 빛은 일정한 각도로 반사되기도 하지만 투명도에 따라 굴절되기도 한다. 우리

---

45   Watt(1989), 403-404.

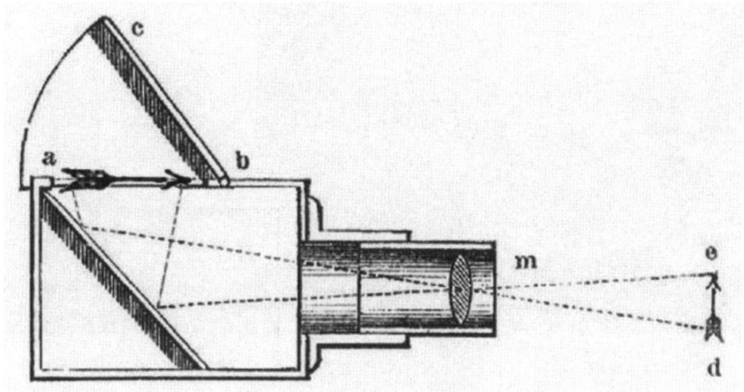

마이어스 대화형 백과사전(1905)에 나오는 카메라 옵스큐라의 종단면.

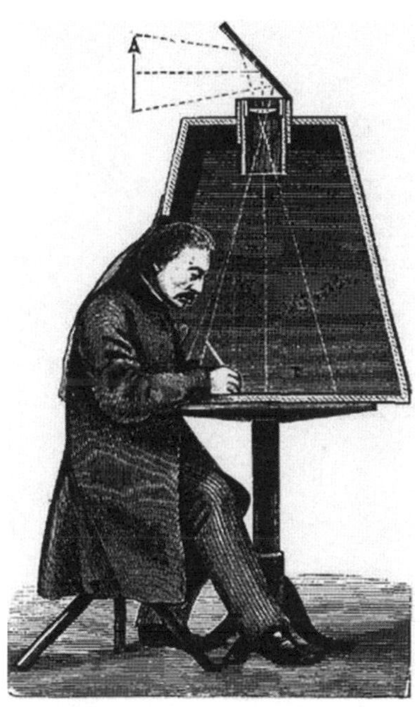

뤼거판 기술 백과사전(1910)에 나오
는 화가용 카메라 옵스큐라.

1525년경 알브레히트 뒤러의 '누워 있는 여성을 그리는 화가'. 대상을 격자(원근법 프레임)에 비쳐 보며 광선이 대상에 어떻게 부딪치는지 거꾸로 추적하는 모습이 광선추적 기술이 탄생하는 순간으로 알려져 있다.

이른바 '유타 주전자'. 3D 컴퓨터 그래픽 역사에서 처음으로 현실 세계의 물체를 묘사해 이정표가 된 초기 작품(1975, 미국 유타대 마틴 뉴웰)으로 난반사나 확산조명을 포착하는 렌더링 기술을 상징하는 아이콘이 돼 있다. **사진** Dhatfield

는 빛을 직접 보는 것이 아니라 반사와 굴절의 법칙에 따라 형성되는 빛의 효과를 본다. 데카르트는 분석적 기하학을 통해 사물의 움직임이나 표면 영역을 수학적으로 연구할 수 있다고 밝혔는데 이는 컴퓨터 언어를 통해 시각적 공간 안에서 빛의 처리를 표현할 수 있는 알고리듬으로 이어져 힘을 발휘하게 됐다.

이런 유구한 전사를 지닌 광선추적 알고리듬으로도 부드러운 명암의 경계나 표면 사이의 상호 반사효과로 나타나는 표현은 해낼 수 없다. 이 문제를 해결하기 위한 알고리듬이 바로 방사선법이다. 광선추적이 실제 세계에서의 빛의 성질을 알고리듬화한 것이라면 방사선법은 에너지 보존 법칙에 따라 가상의 공간에서 일어나는 빛 에너지의 반사·흡수 과정을 정확히 계산해 표현하는 것이다. 따라서 이 방법은 한 명의 관찰자가 아니라 다중 시점에서 바라본 장면을 만들거나 정지된 환경의 애니메이션을 만드는 데 효율적이다. 결론적으로 이 두 알고리듬으로 매우 자연스러운 빛의 효과를 보여주는 컴퓨터 그래픽을 제작할 수 있게 됐다.

그런데 이렇게 제작된 컴퓨터 그래픽이 과연 진짜로, 얼마나 사실과 닮았는가 하는 점을 생각해볼 필요가 있다. 그것은 과연 보드리야르가 말한 대로 실재보다 더 실재 같은 시뮬라시옹으로서 현실의 부재를 감추고 있는가. 이런 알고리듬이 만들어내는 효과는 페르메이르나 안 반 에이크의 그림에서 느낄 수 있는 부드럽게 흐르는 빛의 발산과 반사다. 그런데 모던아트의 선두 주자였던 인상파 작가들이 가졌던 문제의식이 무엇이었던가. 그들의 작업은 바로 이런 인공적인 리얼리즘에 대한 반기가 아니었나. 그들은 전통적인 기법으로 제작된 회화가 우리의 세계를 정확히 보여주는지, 우리가 실제의 빛의 조건 속에서 대상을 바라볼 때 그런 전통적인 회화 속의 대상들처럼 보이는지 묻고 있다. 결국 그들은 르네상스 시대에 구축된 명암법이나 선원근법, 대기원근법 같은 회화적 기법이 대상을 관습적으로 표현할 뿐 우리가 보는 그대로의 대상을 재현하지 못한다고 주장하며 그런 기법들을 거부했다. 그러니 인상파 작가들이 거부한 여러 회화적 기법이 오늘날 알고리듬을 통해 다시 실재 같은 컴퓨터 그래픽을 가능하게 했다고 말할 수 있지 않을까.

또 컴퓨터 그래픽은 보통 우리의 광학적 경험을 재생한 결과물로 여겨진다. 그러나 엄밀히 말하자면 모든 알고리듬은 우리의 시지각을 모방하는 것이 아니라 왜곡하고 축소한다.

오늘날의 존재와 시간은 사실상 지나치게 단순화된 규칙으로 남는다. 광선추적은 하이라이트의 빛에 의해 혹은 반복된 기록의 연무에 부드럽게 에워싸인 무차원 지점의 자화상이며, 반대로 방사선법은 넘치는 색채 발산에 의해 부드럽게 구부러지고 표면의 공들인 분배로 흐릿해진 메모리칩의 직각 표면의 자화상이다.[46]

---

46 Kittler(2011), 42.

어떤 컴퓨터 그래픽 기법도 자연의 빛의 효과를 완전히 표현할 수는 없다. 이는 이미지의 긴 역사 속에서 필연적으로 지속된 한계이기도 하다. 지금까지 살펴보았듯 특히 대중문화 영역에서 접하게 되는 컴퓨터 그래픽은 핍진성을 그 특징으로 하지만 "디지털 이미지 처리 방식은 관습적인 예술과 달리 이미지를 본뜨려 하지 않는다."[47] 즉 컴퓨터 그래픽은 시각적 리얼리즘을 추구하는 것이 목적이 아니다. 오히려 그것은 데이터 연산 처리 시간을 최대로 축소하려는 노력의 역사로 볼 수 있다. 즉 상업적 성공을 위해선 더 진짜처럼 보이는 이미지를 생산해야 하지만 그 데이터 처리 시간이 한없이 늘어나는 것은 비효율적일 뿐 아니라 디지털 기술의 특성과는 맞지 않으므로 다양한 알고리듬이 개발돼 이 문제를 해결하려고 했다. 그렇게 최대한 효율적으로 우리 눈에 진짜처럼 보이는 이미지를 만들어내는 것이다.

W. J. T. 미첼W. J. T. Mitchell이 말하고 있듯이 인간의 이미지는 늘 불완전한 재현이었다. 돌에 새겨지거나 석판으로 인쇄되거나 말로 묘사되거나 환등 슬라이드 형식을 취하든 간에 그것이 보여주는 이미지는 늘 왜곡되고 부족한 것이었다. 디지털 이미지 역시 그런 면에서 불완전함을 벗어나지 못한 것일 뿐이다. 따라서 컴퓨터 그래픽의 세계는 진짜보다 더 진짜 같은 시뮬라시옹으로 전환됐다기보다 어떤 알고리듬도 우리의 세계를 완전히 상세하고 통

---

47   Kittler(2002/2011), 348.

합적으로 생산할 수는 없음을 보여준다고 말하는 게 정확할 것이다. 0과 1 두 정수의 연쇄로 구성되는 이 텍스트적 이미지의 세계는 우리의 세계 경험을 계산 가능한 픽셀의 연합으로 축소한다. 또이런 축소와 왜곡이 컴퓨터 그래픽에만 국한되는 것도 아니다. 그것은 인간이 세계를 이해하기 위해 산출하는 모든 정보의 특징이기도 하다. 키틀러는 이를 디지털 시스템이라 규정한다.

송신기는 (…) 메시지와 기술 시스템 간의 인터페이스로 기능하며, 따라서 메시지의 복잡성과 채널의 용량 간에 어떤 중간적 절충점을 찾아야 한다. (…) 첫 번째 해법은 송신기가 메시지에 정비례하게 신호를 생성하는 것, 즉 시공간적인 메시지의 변화를 신호에고스란히 반영시키는 것이다. 이를 가리켜 아날로그 커뮤니케이션 시스템이라 하는데 축음기, 마이크로폰, 라디오, 사진 같은 것[이다]. (…) 두 번째 해법은 메시지를 전송하기 전에 그것을 같은 유형의 분절된 요소들로 해체해서, 원칙적으로 물리적 제한이 따를 수밖에 없는 채널 용량에 끼워 맞추는 것이다. 이를테면, 말을 전송하려면 문자로 바꾸고, 컴퓨터 기술로 처리하거나 모니터 상에 개별 화소로 띄우려면 숫자로 변환하는 식이다. 이런 요소들은 정해진 값만 가질 수 있으므로 메시지의 미묘하고 세밀한 변화에 일일이 호응하지 않는다. 이를테면, 로마자는 우리가 후두와 입으로 낼 수 있는 소리보다 훨씬 수가 적다. 이렇게 기술적, 수학적으로 충분히 통제할 수 있는 신호를 이용하는 커뮤니케이션 시스템을 불연

속 시스템 또는 디지털 시스템이라고 한다.[48]

　제한된 철자를 가진 알파벳으로 모든 소리를 표현하려는 문자 체계는 음성의 풍부한 요소를 어쩔 수 없이 탈각한다. 마찬가지로 수많은 그래픽 기술로 핍진성을 추구하는 듯 보이는 디지털 이미지 역시 결국엔 우리 시지각의 풍부하고 자연스러운 작동을 쪼개고 분절해 여러 알고리듬의 연쇄를 통해 인위적인 리얼리즘을 추구할 수밖에 없다. 따라서 디지털 기술에 의해 구성되는 역동적인 우리 시대의 이미지는 이런 디지털 시스템의 통제 가능성, 축소와 왜곡의 결과물이며 그것이 디지털 시대의 '세계상'이다. 물론 여기서 말하는 축소와 왜곡을 말 그대로 부정적인 의미라고 볼 수는 없다. 그것은 인간의 관점에서 봤을 때의 축소와 왜곡일 뿐 실제로는 기술 자체의 연산 논리로 세계를 변환한다고 볼 수 있기 때문이다. 그것은 자신이 정의한 수학적 공간 안에서 일관되게 결과를 산출함으로써 계산된 현실이라는 또 다른 차원을 보여준다. 그것은 기술이 인간의 의미망과는 독립적인 논리적 층위를 가짐을 보여준다. 그리고 그 층위는 인간이 경험하는 세계의 차원과는 불일치할 수밖에 없다. 그 불일치가 우리 눈에는 기술적 한계로 보이지만 기술의 본성에서는 구조적 조건이라고도 말할 수 있을 것이다.

　디지털 시대의 다양한 이미지 재현 기술들은 우리가 이미 경험

48　　Kittler(2002/2011), 73

한 바 그대로, 상상만 할 수 있던 심적 이미지를 시각적으로 구현해 다양한 대중문화의 콘텐츠를 구성하고 있고 앞으로도 그 가능성을 크게 높일 것이다. 하지만 마치 모든 표현을 자유롭게 하게 한다고 여겨지는 디지털 기술과 컴퓨터 그래픽은 사물 및 인간 재현, 이후 이어지는 세계 구성에서 매우 치밀한 알고리듬의 결과물로만 가능한 것이다. 또 컴퓨터 그래픽은 기록에서 계산으로 옮겨가는 매체적 전환을 보여준다고 할 수 있다.

디지털적 세계상의 시대와 인간

컴퓨터 그래픽을 텍스트적 성격을 갖는 것으로 분석하는 키틀러의 관점이 그 자체로 완전히 새로운 것은 아니다. 소쉬르의 언어 이론 이후 기표와 기의 관계에 일종의 전도가 일어나면서 문자 기호는 '기의 없는 기표'로 여겨지고 독자적 의미화 능력을 획득하게 된다. 따라서 기의와 주체조차도 기표의 연쇄가 낳는 산물이자 효과가 된다. 키틀러의 문자 매체에 대한 이해 역시 이런 구조주의 또는 후기구조주의적 언어관과 맥을 같이한다고 볼 수 있다. 그러나 그만의 특징이 있다면 그것은 문자 매체를 시간 저장 기술로 본다는 점이다. 이렇게 기록된 정보는 교체와 대체, 반복이 가능해지는 구조적 유연함을 확보하게 된다. 그리고 이는 디지털 이진법의 언어 매트릭스 위에 픽셀로 구성되는 컴퓨터 그래픽의 특징으로 곧장 반영된다. 따라서 컴퓨터 그래픽은 지금까지 존재해온 이미지 유형 중 가장 역동적인 체계이자 새로운 시간 저장 기술이라 할 수 있다.

컴퓨터 그래픽의 사실적 표현을 가능하게 하는 다양한 기법들은 실재보다 더 실재 같은 이미지를 만들어내는 듯하나 그것은 결국 인간의 눈을 기만하는 알고리듬의 결과다. 따라서 우리의 시지각 체험은 그 알고리듬의 한계 속에 갇히게 된다고 말할 수 있다. 기술은 새로운 알고리듬을 계속 개발하고 그를 거쳐 제작되는 이미지는 한없이 실재에 다가가는 것처럼 보이지만 이 모든 것은 유한하고 통제된 세계만을 가능하게 한다. 그런데 그것은 동시에 인간의 의미 체계와는 독립적으로 작동하는 기술적 지각의 산물로도 볼 수 있다. 그것은 무매개적으로 보이지만 가장 복잡다단한 매개적 산물이기에 강력한 타자성을 갖고 있다. 또 오랜 이미지 역사가 보여온 관습과 결별하고 실재에 호응한다.

키틀러는 광학적 미디어 역사의 마지막은 "빛을 빛으로 전송할 뿐 아니라 빛으로 저장하고 처리하는 시스템이 될 것"[49]이라고 예언한다. 그것은 빛의 물질성을 온전히 포착해 실재를 실재 자체로 저장하고 처리하는 광학적 매체 기술의 궁극적 차원일 것이다. 축음기가 소리를 소리로 저장하고 처리하듯 언젠가 빛 자체를 저장하고 처리하는 광학 매체가 등장하리라는 기대다. 사실 빛과 소리의 물질성은 매우 다르므로 그의 이런 전망은 '순수한 하드웨어'

---

[49]   Kittler(2002/2011), 349.

처럼 이상적 지점을 제시하는 것으로 봐야 하겠지만 오늘날의 기술은 실제 그것을 어느 정도 현실화하고 있다. 광섬유 통신은 정보가 전기 신호가 아니라 빛의 펄스로 이동하는 것이고 광컴퓨팅(photonic computing)은 전자 대신 광자로 연산하는 기술이다. 또 양자광학은 빛의 양자 상태를 정보 단위로 저장, 처리하는 기술을 연구한다. 따라서 그의 주장은 광학적 미디어가 빛의 논리를 따라가는 자율적 정보 시스템으로 기능함으로써 빛이 곧 정보이자 매체가 되는 최종 국면을 맞게 되리라는 말이다.

다시 인간의 관점에서 돌아가보자. 기술이 만들어내는 세계상이 문자 그대로의 축소와 왜곡이 아니듯이 디지털 시대의 세계 자체도 침묵의 디스토피아처럼 유한하고 완벽하게 통제된 세계가 아니다. 오히려 그 세계는 우리가 매일 경험하듯이 매우 소란스럽고 정확히 예측되지 않는 통제 불가능성 속에서 그 가능성의 영역을 조금씩 넓혀가는 영토 싸움을 하고 있다. 또 이미지를 수용하고 소비하는 주체로서 우리는 새롭게 등장하고 진보하는 알고리듬만이 아니라 끊임없이 폐기되고 처분되는 기술 역시 함께 인식할 필요가 있다. 우리는 늘 기술의 의기양양한 진보와 승리의 깃발만을 바라보나 그 깃발 아래 놓인 폐기된 기술의 무덤 역시 매일 그 크기가 커지고 있기 때문이다.

더불어, 컴퓨터 그래픽이라는 화려한 표면 효과가 사실상 실재와 늘 불일치할 수밖에 없는 산물임을 염두에 두고 그 새로운 이미지의 본질에 대해 사유할 필요가 있다. 핍진성을 중시하는 대중

문화의 콘텐츠와 달리, 많은 미디어 아티스트들이 기술 초기부터 디지털 이미지의 기술적 특성이나 기제를 드러내는 시각적 작품들을 제작하는 이유 역시 그런 행위로 볼 수 있다. 최초의 디지털 아티스트라 할 3N, 즉 프리더 나케Frieder Nake와 마이클 놀Michael Noll, 게오르그 네스Georg Nees 등은 명령어의 입력과 그 산물로서의 기하학적 이미지를 제작하며 컴퓨터 제작 이미지의 본질을 보여주고 있다. 또한 장피에르 이바랄Jean-Pierre Yvaral은 이미지의 픽셀을 가시적으로 드러내고 있고 미구엘 슈발리에Miguel Chevalier의 '프랙탈 플라워(fractal flower)' 시리즈는 마치 식물의 자연스러운 움직임을 연상시키지만 동시에 프랙탈적 도형들로 구성된 시각적 산물을 제시한다. 칼 심스Karl Sims의 '갈라파고스'나 조머러Christa Sommerer와 미뇨노Laurent Mignonneau의 작품들도 사실주의와는 거리가 먼 이미지들을 보여준다.

우리는 이런 작업을 통해 인간의 배제를 볼 것이 아니라 비-인간적인 미디어 체계가 우리의 지각 방식, 더 나아가 지식·정보 생성 및 사회구조 구축 등에 어떻게 개입하는지 숙고할 계기를 찾아야 한다. 또 기술적 타자성에서 인간의 소외를 얘기하는 데 그칠 게 아니라 이를 운용하는 인간과 사회의 능력에 대한 기대 역시 포기할 수 없음도 분명히 생각해야 한다.

3장

반휴머니즘에서
'비밀스러운 휴머니즘'으로:
마크 핸슨의 키틀러 독해

기술 매체는 저마다의 목적과 용도를 갖고 탄생하나 특히 문화 예술적인 영역과 다양하게 연결되며 우리의 미적 경험을 풍부하게 해주었다. 그것이 우리의 지각 체험과 세계 경험 방식에 변화를 가져오면 예술이 그 변화의 양상과 의미를 다양하게 반영하고 탐색하고 뒤틀고 확장하기 때문이다. 그중에서도 디지털 기술과 관련한 예술적 시도에서는 특히 쌍방향성, 즉 관객과의 상호작용이 중요하게 나타났다. 크리스티안 폴Christiane Paul은 디지털 아트의 중요한 특징으로 쌍방향성과 참여성을 들고[50] 페터 바이벨Peter Weibel도 디지털 매체 예술은 움직이는 이미지를 중심으로 상호작용하는 상태 개념에 바탕을 둔다고 말한다.[51]

그런가 하면 디지털 기술은 모든 것을 데이터로 처리하므로 인

---

50   Paul(2003/2007), 8.

51   Weibel(1999), 8.

간 감각으로는 그 데이터를 포착할 수 없다. 또 특정 감각에만 소구하는 것도 아니다. 동일한 성격의 데이터가 청각 정보가 될 수도 있고 시각 정보가 될 수도 있으므로 그 과정에서 인간의 지각은 어떤 역할도 하지 않는다고 말할 수 있다. 즉 '인간'이 배제된다는 것이다. 따라서 디지털 기술을 이렇게 이해하면 인간의 역할은 제한적이고 수동적으로 보인다. 그때 인간의 지각은 인터페이스 효과에 좌우되는 소극적인 위치에 머문다. 그렇다면 이런 질문이 가능할 것이다. 디지털 기술은 우리 지각을 압도하고 지배하는가, 아니면 인간의 영역을 초과하는 경험을 가능하게 하는 식으로 우리 지각을 확장하는가. 여기선 키틀러의 매체론에 대해 시차를 두고 두 가지 해석을 내리는 한 연구자의 예를 들어 이에 대한 답을 찾아보자.

마크 핸슨은 디지털 기술 시대에 인간의 지각은 의미 있는 역할을 하지 않는다는 이론적 관점들을 비판한다. 그는 디지털 이미지는 전통적 회화나 사진, 영화 등과 달리 미리 결정된 것이 아니고 관객의 몸에 의해 결정된다고 주장한다. 즉 유동적인 상태의 디지털 이미지에 프레임을 부여하는 것이 관객이고 그로써 관객과 작품이 상호작용한다는 것이다. 따라서 그는 디지털 기술과 그로 인한 매체 융합적 변화 속에서 인간 신체의 의미가 배제된다고 본 키틀러의 관점을 강하게 비판한다.[52] 그런데 그는 몇 년 후의 글에

서 자신이 키틀러 매체론이 함축하고 있는 '휴머니즘적 특성'을 놓친 바람에 그 사람의 관점 자체를 오해했노라고 고백한다. 그리고 키틀러 기술 매체론의 토대는 바로 인간의 지각이라고 주장한다.[53] 그는 왜 자신의 주장을 번복했을까. 그리고 그 번복의 의미는 무엇일까.

디지털 이미지의 입안자로서 신체

디지털 이미지의 등장이 '탈신체화'와 '탈지각화' 상황을 야기했다고 볼 수 있다. 왜냐하면 그것은 지시 대상 없이 알고리듬에 의한 정보처리로 생산되는 이미지이기 때문이다. 팀 르누아Tim Lenoir가 지적하듯 폴 비릴리오Paul Virillio와 조너선 크래리Jonathan Crary, 윌리엄 미첼William Mitchell 등은 이미지 제작에서 지시 대상의 상실이라는 상황을 한층 심화된 주체의 문제와 연결한다.[54]

크래리는 시각 문화가 디지털화되면서 시각 이미지들이 더 이상 세상 속 관찰자의 위치를 참조하지 않게 됐다고 말한다. 19세기의 관찰자 개념으로는 새로운 이미지를 설명할 수 없다고 본 것이다. 미첼 역시 디지털 이미징 시스템의 월드와이드 네트워크를 탈중심화된 주체의 새로 구성된 눈이라고 표현한다. 이들에게서 인

---

53   Hansen(2015), 210-237.

54   Lenoir(2006), xiv.

간 관찰자는 컴퓨터 코드의 추상적 체제로 대체된다. 또 여러 대중 문화 콘텐츠에서도 디지털 이미지는 추상적이고 탈신체화된 것으로 인식되고 묘사됐다. '사이버 스페이스'라는 개념을 처음 제시한 『뉴로맨서』의 작가 윌리엄 깁슨William Gibson은 이에 대해 '합의된 환각' 또는 '마음의 비非공간'이라고 정의 내렸다. 이는 이반 서덜랜드가 말한 바대로 컴퓨터에 의해 생성되는 대상들은 물리적 현실의 규칙을 따를 필요가 없기 때문일 것이다. 이런 디지털 이미지의 특징은 오늘날의 인공지능 이미지와도 크게 다르지 않다.

이처럼 새로운 시각화 기술은 관람자의 물리적 위치는 물론 육체적이고 촉각적인 감각에서 분리된다. 키틀러의 디지털 융합에 대한 개념도 이와 유사하다. 그것은 매체 간 구별이 없어질 뿐 아니라 매체의 작동이 인간 지각과 무관하게 이뤄진다는 점을 강조한다.

그런데 핸슨은 이처럼 지시 대상의 부재, 인간 관찰자의 부재, 인간 지각의 무용성을 말하는 담론들을 비판하며 디지털 기술로 가능해진 상호작용 속에서 관객의 신체가 오히려 중요한 역할을 한다고 주장한다. 그에게 디지털 이미지는 인간 신체의 중요성을 강화할 계기가 된다. 그리고 이를 위해 중요한 개념 중 하나가 바로 '프레임'이다. 그는 영화적 프레임과는 다른 디지털 이미지 프레이밍 개념을 제시하는데, 이를 통해 작품과의 관계에서 관객이 적극적으로 개입할 가능성이 열리고 특히 관객 신체의 역할이 중요하게 작용함을 보여준다. 크래리와 윌리엄 미첼 등이 인간 주체가 탈영토화되리라는 주장을 하는 것과 달리 핸슨은 디지털 시대에도 '몸'이 이미지의 능동적인 '입안자(framer)'로 계속 유지되고 있다고 주장한다.[55] 유동적인 상태의 디지털 이미지에 프레임을 부여하는 것은 관객이고 그로써 관객과 작품이 상호작용한다는 것이다.

즉 디지털화로 인해 매체적 물질성에 따라 대규모 기술적 균등화가 가능해지고 '탈매체적 조건'이 출현한다면, 그리고 그런 디지털 융합으로 지각 체험이 불필요하거나 낡은 것이 된다면, 그럴 때 예술의 역할은 작품 효과가 관객의 경험 영역에 놓이게 함으로써 지각이 낡은 것이 아니라 경험을 구원할 계기가 될 수 있음을 보여주는 것이라는 취지다. 따라서 '매체 융합(media convergence)'이 이뤄질수록 신체의 중요성은 커진다. "매체가 그 유형적 특성을 잃을 때 신체는 정보의 선택적 처리자로서 더 중요한 기능을 맡게 된다."[56]

핸슨의 키틀러 비판과 그 철회

이런 맥락에서 핸슨은 키틀러의 견해를 강하게 비판한다.

키틀러에게 디지털화의 급진적 잠재력은 인간과의 어떤 인터페

---

55   Lenoir(2006), xiii~xiv, xviii.

56   Hansen(2006), 22.

이스와도 전적으로 독립적인 실재를 기록할 수 있는 그 능력에 있다. (…) 그는 디지털 이미지를 자율적인 기술 이미지로 설정하는데 이는 작품 속에서 인간 지각 비율과 그 어떠한 필수적이거나 내재적인 상호작용 없이 작동한다. (…) 디지털 이미지는 '이미지'라는 개념 자체를 근본적으로 재구성하며 이는 인간 몸과의 유비적인 상호관계를 벗겨냄으로써 순수하게 독단적인 구축을 가능하게 한다.[57]

디지털 이미지야말로 정보에 프레임을 부여하는 몸의 역할을 증대시킨다는 핸슨의 관점에서 볼 때, 키틀러의 디지털 이미지에 대한 설명은 당연히 비판의 대상이 된다. 여기서 키틀러는 디지털 매체를 탈신체화의 장소로 중시하는 이론가들의 대표로 받아들여진다. 핸슨에 의하면 키틀러의 디지털 매체론은 이미지를 낡은 것(obsolescence)으로 만들고 그 독자성과 역할을 박탈한다. 즉 키틀러가 중시하는 디지털화와 매체 융합은 독립적인 속성으로 존재하는 이미지 역시 불가능하게 만든다. 이미지는 전통적으로 세계와 인간 감각 사이를 접속하는 독자적인 인터페이스로 기능했다. 회화는 물론 아날로그 사진도 마찬가지였다. 그러나 키틀러는 디지털 기술의 힘은 인간 인터페이스에 전혀 의존하지 않은 채 '실재'를 기록하는 능력에 있다고 본다. 디지털 이미지도 마찬가지다. 그

---

57   Hansen(2006), 71-72.

것이 표면적으로 '전통적인 이미지'처럼 보인다고 해도 이는 '눈속임'일 뿐이며 그 실체는 순수한 임의적 구성물이다.

키틀러의 디지털 융합 개념을 디지털 아트의 영역에 적용할 때, 그것은 이미지 낡음 이론을 낳는다. (…) 키틀러는 디지털 이미지를 자율적인 기술 이미지로 설정한다. 이는 인간의 감각 비율과 어떤 내적 연관도 없고 이를 필요로 하지도 않으면서 자신의 역할을 수행한다. (…) 디지털 이미지는 '이미지'의 개념 자체를 근본적으로 재설정하며, 이미지와 신체의 유사함에 의한 상호관계를 박탈한다.[58]

핸슨은 키틀러가 컴퓨터 그래픽을 이진법 수 체계라는 새로운 텍스트적 구성물로 본다는 점을 근거로, 그의 주장대로라면 이미지는 이제 인간의 신체나 감각과는 어떤 연관성도 없고 따라서 그 미감적 가치 역시 박탈된다고 비판한다. 인간의 지각 경험은 물론 그것과의 내적 연관성도 상실하게 된다는 것이다. 핸슨의 비판처럼 키틀러는 디지털 기술의 이미지 산물에 대해 다음처럼 말하고 있다.

컴퓨터 이미지는 (…) 위조된 화신이다. 그것은 눈을 기만한다.

---

58   Hansen(2006), 72.

(…) [컴퓨터 이미지]는 이미지의 환영 혹은 이미지의 이미지로 사실은 픽셀 덩어리다. 이는 그 완전한 주소 부여 가능성 때문에 개별적 문자들로 구성된 텍스트에 더 가까운 것으로 구축됐음이 입증된다.[59]

핸슨의 비판은 키틀러의 '디지털 매체론'이 이미지를 무용한 것으로 만들어버림으로써 디지털 아트의 예술로서의 역할 역시 설명할 수 없는 한계를 갖게 한다고 주장하는 것으로 이해할 수 있다. 이런 핸슨의 주장은 분명 타당성 있는 비판이기에 키틀러의 이론 체계 내에서 그에 대한 답을 제시할 필요가 있다. 또 키틀러의 신체와 지각에 대한 입장에는 일견 모순된 부분이 있어 핸슨과 같은 비판을 불러일으키는 경향도 있다. 그 문제를 짧게 살펴보자.

존 더럼 피터스John Durham Peters에 의하면 키틀러의 지각에 대한 관점은 "미학적 특성은 언제나 기술적 실현 가능성에 의존하는 변수"[60]라는 말로 요약될 수 있다. 키틀러는 인간의 용량을 만물의 척도로 삼는 것을 엄격히 거부한다. 매클루언Marshall McLuhan과 프로이트에 대해 그들이 기술적 장치를 신체 기관의 보철로 간주하면서도 인간이 당연히 모든 미디어의 주체라는 관념을 버리지 못했다고 비판하며 "기술은 인간의 개별적, 집단적 신체와 전

---

59   Kittler(2011), 32.
60   Kittler(2002/2011), 13.

혀 무관하게 스스로 발전하기 때문에 감각과 기관 일반에 압도적인 충격을 가하는 것은 아닐까?"[61]라는 질문을 던지는 것도 그 때문이다. 그리고 "인간은 미디어가 모델과 은유를 제공하기 전까지 자신의 지각에 대해 알지 못한다"[62]고 말함으로써 인간 중심적 관점에서 보는 기술과 신체의 관계를 전복한다. 지빌레 크래머Sybille Krämer 역시 "매체 발전의 진보는 의도적인 것으로 규정될 수 없고 그들 고유의 역학에 의해 그 규모가 확대되며 (…) 인간의 감각은 기술적 매체에 의해 지배된다는 것이 키틀러의 관점"[63]이라고 분석한다.

그러나 한편으로 키틀러는 기록시스템 전환의 계기를 인간의 새로운 지각 체험에서 찾음으로써 지각의 근본적 중요성을 암묵적으로 제시한다. 그는 1900년쯤 유럽에서 정신물리학이나 생리학이 발전하면서 순수 기표로서의 모더니즘 문학이 등장해 낭만주의 문학을 대체하게 되는 전환의 기저에 달라진 지각 체험이 있었다고 본다. 또 고대 그리스 알파벳에서 기호와 감각이 일치하는 점을 높이 평가하며 당시의 알파벳이 우리 감각을 개념화하는 것이 아니라 오히려 더욱 선명하게 한다는 점에서 이를 이상적 매체의 상태라 강조하기도 한다.[64] 이처럼 그는 지각 경험을 중시할

---

61   Kittler(2002/2011), 52.

62   Kittler(2002/2011), 58.

63   Krämer(2006), 104.

64   Kittler(2006b), 57.

뿐 아니라 기술 매체의 발전 과정을 지각 경험과 함께하는 것으로 보고 있다. 따라서 데이비드 웰베리David E. Wellbery는 『기록시스템 1800·1900』 영문판 서문에서 "신체는 우리 문화의 다양한 기술들이 자신을 새겨넣는 장소로 우리의 정보처리, 저장, 전송 수단과의 연결을 통해 작동한다. 사실 그 예민한 시스템 내에서, 신체 자체는 매개적 기관이며 정교한 기술이다. 그러나 그것은 또한 그것이 결합하는 네트워크에 의해 형성되고 또 재형성된다는 의미에서 급진적으로 역사적이다"[65]고 주장한 것이다. 즉 키틀러 매체론에서의 신체, 즉 지각은 역사적이며 구성 가능한 것이다.

따라서 핸슨이 키틀러를 비판한 이유는 지빌레 크래머와 같은 해석을 했기 때문이라고 볼 수 있다. 그런데 그는 몇 년 후, 키틀러의 모든 저작에서 자신이 그 이전에는 보지 못했던 '비밀스러운 휴머니즘'이 작동하고 있음을 이제는 볼 수 있다고 말한다.

[그 비밀스러운 휴머니즘의] 가장 중요한 신호는 문학의 기술적 아프리오리의 개념에서 키틀러가 몸에 부여하는 근본적인 역할이며 특히 기록시스템 후반부에서 그가 발전시키는 모더니즘의 생리학적 시학이다. (…) 신체는 의미나 감각 바깥에 있는 것에 근거하며, 그리하여 매체 분화 시대를 특징짓는 기표 작용적 에너지의 엄청난 확산을 주관한다. (…) 내가 2004년에 보는 데 실패했던 것,

---

65   Kittler(1985/1990), xiv.

우리의 현재 미디어 상황이 뚜렷이 보여주고 있는 것은 기술 매체
에 대한 키틀러의 작업은 사실 신체에 대한 의존에서 나온 것이며,
또는 인간의 지각과 우주적인 물질적 흐름이 겹쳐 있는 복잡한 순
환에 대한 확장된 개념에 이른다는 점이다.[66]

핸슨의 이런 주장은 키틀러의 매체론이 기술의 우위를 말하며
인간을 배제하는 반反휴머니즘으로 보이지만 실상 그의 이론의 기
저에는 기술과 인간 사이의 상호작용에 대한 새로운 해석이 있으
며 거기서 인간의 신체와 지각 영역은 핵심적인 역할을 하고 있다
는 의미다. 그렇다면 그는 어떤 이유로 키틀러에 대해 이처럼 새롭
게 이해하게 됐는지, 그 재평가의 주요 내용과 의미는 무엇인지 알
아보도록 하자.

'시간 상징화'와 TAM: 인간-기계의 공동 작업

핸슨은 기술 매체적 기록과 인간 신체에 감지되는 효과의 상호
관계를 중시한다. 현대적인 매체 기술들, 특히 컴퓨터 프로세스는
인간의 감각이나 인지 능력을 뛰어넘는 규모와 속도로 작동하며
그로써 새로운 차원의 시간 경험을 창출한다. 이렇게 창출된 '기술
적 시간'은 물리적 시간이 디지털 과정을 통해 매개된 결과물로서

---

66   Hansen(2015), 210-211.

우리가 의식하든 하지 않든 우리의 감각과 경험을 바꾼다. 핸슨은 이처럼 새롭게 창출된 기술적 시간이 인간의 경험과 의식을 어떻게 재구성하는지, 또 이런 새로운 매개적 시간 경험이 우리의 현실과 자기동일성을 어떻게 형성하는지 설명하고자 한다.

특히 그가 말하는 '시간 상징화(symbolizing time)'는 시간을 상징화 혹은 기호화하고 포착하는 방식과 관련된 개념이다. 그것은 시간을, 직접 경험되는 물리적 흐름이 아니라 특정한 기호적, 기술적 체계 속에서 매개된 형태로 경험하게 되는 과정을 말한다. 다시 말해 시간은 더 이상 '살아 있는 현재'의 연속적 흐름만이 아니라, 데이터로 변환되고 코드화되어 기호적 구조 속에서 처리되는 대상이 된다. 무엇보다 디지털 환경에선 시간 자체가 이산적 샘플링, 알고리듬, 코드의 계산 단위로 쪼개져 다뤄진다. 따라서 '시간 상징화'는 시간을 계산할 수 있게 만드는 과정, 즉 기호 체계 안으로 끌어들여 통제하고 재구성하는 과정을 지칭한다.

핸슨에게 이 개념은 인간 경험의 변화와 깊이 연결된다. 시간은 더 이상 인간 주체가 순수하게 '사는 것'이 아니라, 디지털 장치와 알고리듬에 의해 구조화되고 기호화된 경험으로 주어진다. 그것은 기술 매체가 만들어낸 새로운 시간 경험의 조건이라 할 수 있다. 또 그는 디지털 매체가 시간 상징화를 통해 인간의 신체와 감각을 재조직한다는 점을 중요하게 생각하는데, 시간을 기술적으로 재배열함으로써 우리의 감각적 구조에 개입하는 것으로 파악한다. 따라서 그는 기술 매체의 기록과 인간 신체에 감지되는 효과의 상호관계를 암시하는 키틀러의 주장에 공감할 수 있었던 것으로 보인다.

핸슨이 키틀러의 논의에서 중요하게 분석하는 지점은 역시나 앞서 살펴본 '소프트웨어는 없다'는 주장이다. 핸슨은 그 주장을 상세히 해석하며 키틀러에 동의하고 있다. 우리가 흔히 컴퓨터의 성능을 얘기할 때는 그 속도나 작업 처리량을 기준으로 한다. 예컨대 컴퓨터의 속도는 '빠른 실행'과 '짧은 클럭(clock) 사이클'에 달려 있다고 볼 수 있다. 실행 시간은 컴퓨터가 작업을 완료하기까지 걸리는 시간으로, 여기엔 디스크 및 메모리 접근, 입출력 작업, 운영 체제 오버헤드 및 CPU 시간 등이 포함된다. 또 컴퓨터는 작동하는 내내 클럭 신호가 주기적으로 반복되는데 클럭 간 시간 간격, 즉 클럭 사이클이 짧을수록 속도가 빠르다고 할 수 있다. 명령어가 입력될 경우 클럭 사이클이 짧을수록 CPU 시간이 줄어들기 때문이다. 따라서 플랫폼을 구성할 때 정보처리 속도 등에 대한 파라미터가 결정돼야 하는데 이것은 소프트웨어가 아니라 하드웨어에서 결정된다. 왜냐하면 컴퓨터는 적절한 함수를 처리하는 연산 수행 과정이며 컴퓨터가 처리하는 정보는 하드웨어의 물리적 작동 위에서 기능하기 때문이다. "아무리 복잡한 명령이라도 계산 가능한 연산으로 분해된 뒤 처리돼야 하므로 정보통신기술에선 신호, 물리학에선 측정값인 데이터로 이뤄지는 연산에서는 하드웨어가 가능성과 불가능성 자체를 결정한다."[67] 또 컴퓨터는 이산적 정보

---

67   Kittler(1998), 126.

처리 방식이므로 실재 자체를 처리하는 것은 불가능하다. 따라서 키틀러에게 소프트웨어는 컴퓨터가 물리적으로 갖는 한계 지점인 프로그램 불가능한 지점을 은폐하고 기술의 승리이자 인간의 성취만을 보여주는 것으로 평가된다. 핸슨은 바로 그런 키틀러의 비판적 관점이 기계와 인간의 어떤 상동성을 보여준다고 해석한다.

키틀러의 소프트웨어 비판은 인간과 기계 사이의 유사성을 두 개의, 물질적으로는 별개인 '프로그램 불가능한 시스템'으로 이해하는 근본적인 주장에 의해 이뤄진다. (…) 그리고 이는, 만일 제2차 세계대전 이후에 새로운 기록시스템이 가능하다면 그것은 21세기의 우리가 프로그램 가능한 숫자들로 실제 숫자들 그리고 시간과 경험의 흐름을 축소하는 것을 받아들임으로써가 아니라 이 축소의 조건을 거부함으로써 가장 잘 계승할 수 있음을 보여준다.[68]

인간과 기계는 물리적으로는 전혀 유사하지 않지만 '비프로그램적 시스템'이라는 유비적 공통점을 갖는다. 인간은 말 그대로 계산 불가능한 존재이자 끊임없이 소음을 발생시키는 존재다. 컴퓨터 역시 소프트웨어를 통해 '모든 것'을 계산할 수 있는 시스템으로 여겨지나 그 물질적인 하드웨어의 기반엔 당연히 제어할 수 없는 지점, 즉 데이터로 환원될 수 없는 지점이 있다. 그래서 키틀러

---

68   Hansen(2015), 213.

는 컴퓨터를 좀 더 나은 세탁기로 만들려고 하는 기업들의 시도를 비판한다. 컴퓨터 자체의 우연성과 자유도가 개방돼야 한다는 것이다. 결국 키틀러의 하드웨어 옹호는 인간과 기계 모두에 물리적인, 따라서 감각적인 기초가 있음을 분명히 한다. 핸슨은 다음과 같이 주장한다.

> 키틀러의 입장이 견지하는 것은 기술적 매개의 감각적 기반이다. 키틀러는 소프트웨어가 우리에게 그 기능을 제공하는 바로 그 순간 컴퓨터의 물질성을 혼란스럽게 하는 소프트웨어 층들의 하부에 환원 불가능한 감각적 실재가 있음을 상기시킨다. 비프로그램적 기계를 그가 포용하는 것은 모든 컴퓨터적 처리가 시간적 처리임을 확고히 하는 데 기여한다. 그들이 시간에 틀을 부여하는 한, 컴퓨터적 처리는 감각적인 것을 발생시키는데, 중요한 것은 인간과 비-인간 사이의 의미 있는 구분이 발생하기 전에 그렇게 된다는 것이다.[69]

앞서 말했듯 키틀러에게 기록시스템의 전환은 인간의 지각 체험 및 양상의 변화와 깊이 연루된다. 축음기와 영화 등 기술 매체가 기록시스템 1800을 붕괴시키고 새로운 기록시스템을 가능하게 할 때 그 기술의 의미는 시간의 흐름 속에 진행되는 감각 정보가

---

69   Hansen(2015), 215.

문자와는 전혀 다른 방식으로 기록된다는 점이다. 인간의 지각은 어떤 기술 매체와 연관되느냐에 따라 그 체험의 영역이 구성된다. 또 디지털 기술은 그나마 그 물질적 토대에 인간이 지각할 수 있는 정보가 담겨 있던 사진이나 영화와 달리 모든 기록 내용이 기계어로 처리되어 인간의 지각과는 전혀 무관해 보이는 상태를 보여준다. 그러나 이 '무관하다'는 것은 말 그대로 무관하다는 뜻이 아니다.

시간의 물리적 흐름은 실재다. 그것은 비가역적이고 인간 존재와 경험의 가장 기본적인 조건이 된다. 따라서 기술 매체의 역할은 바로 시간 저장이며 그로써 시간은 반복성과 가변성을 갖게 된다. 즉, 기술 매체에 의해 시간의 비가역적 흐름은 일종의 공간적 질서로 바뀌게 되고 그로 인해 변경과 반복, 역전이 가능해진다. 아날로그 매체의 분화 과정에서 키틀러가 가장 먼저 축음기를 다룬 것은 그것이 실재 자체의 기록과 조작이기 때문이다. 음향 재생 기술은 소리의 가시화 및 정량화를 통해 가능해지는데, 소리를 정량화하고 측정, 기록하려면 우선 그것을 가시화한 다음에야 가능했다. 무언가를 저장하려면 시간적 질서가 반드시 공간적 구조로 물질화돼야 한다.

그러나 그 물질화를 위한 기술 개발 과정에서도 여전히 문자 중심의 사유가 강하게 작동했음을 기술사는 증명하고 있다. 기술사 연구자인 조너선 스턴Jonathan Sterne은 초기 음향 기술을 개발했던 사람들이 얼마나 집요하게 소리를 문자로 시각화하려고 노력했는지 설명한다. 예컨대 에두아르레옹 스콧Édouard-Léon Scott de Martinville은 소리 진동을 스스로 기록하는 장치인 포노토그래프를 개발하고도 그 의미와 가치를 이해하지 못했다. 그는 계속해 소리가 직접 글을 쓰는 기술, 즉 '자연의 속기술'을 개발하려고 했다. 스콧 외에도 알렉산더 그레이엄 벨Alexander Graham Bell, 그라모폰을 만든 에밀 베를리너Emile Berliner 등 음향 재생 기술의 핵심적 개발자들 역시 소리 재생 자체보다 소리를 문자로 쓰는 자동기록장치를 개발하려고 했다. 이는 물리적 실재의 기록보다 문화적 기술인 글쓰기, 즉 '인간의 상징적 중개'를 훨씬 더 중시했던 뿌리 깊은 관념을 보여준다.[70] 기술의 인간화 탈피 과정, 다시 말해 언어적 차원과 이성 중심의 인간 개념을 떨쳐내기 위해서는 이처럼 지난한 사유와 관점의 전환이 필요했다.

키틀러가 기록시스템 1900 연구에서 가장 먼저 니체의 언어철학을 분석하는 이유 역시 그 점을 강조하기 위해서였다. 니체는 언어란 청각적, 시각적 표상이 되기 전에 신경 자극이었다고 추정한다. 그의 주장처럼 정신물리학의 발전 속에서 언어가 개별적 요소, 즉 광학적이거나 청각적이거나 혹은 운동신경 자극들로 분해되는 것은 언어가 귀에 들리거나 눈에 보이는 것으로 표상되기 이전에 몸에 의해 느껴지는 것임을 보여준다. 그리고 그렇게 해체된 언어를 몸이 수신하는 것은 언어의 의미 차원이 형성되기 이전, 심지어

---

70   Sterne(2002/2010), 66.

소리가 구별되고 이후 언어가 계급화할 가능성이 생기기 이전 단계에 이뤄지는 일로 볼 수 있다. 따라서 "키틀러가 직접 말을 하지는 않지만, 몸에 의해 느껴질 수 있는 것으로의 결과적 확장은 감각성의 엄청난 확장을 생산하는 것으로 이해한다고 볼 수 있다."[71]

정신물리학과 생리학적 연구를 통해 인간의 언어 및 여러 감각 기관의 물리적 특성과 수용 가능 영역 및 한계에 대한 탐구가 이뤄졌고, 아날로그적 기술 매체들은 그런 성과와 결합해 비-인간적 상징화, 즉 기계적 상징화 과정을 거쳐 작동했다. 물론 키틀러에게 '실재'는 포착할 수 없는 무언가가 아니다. 그가 축음기를 실재를 기록하는 기술로 보는 것은 축음기가 소리의 물질성을 즉각적으로 기록한다는 의미다. 따라서 기계적 상징화란 기술적 매개와 같은 의미로 봐야 한다. 전통적인 상징 기술인 문자와 악보는 말 그대로 인간 중심적인 인위적 기록 수단이었으나 기술 매체는 그와 달리 실재와 직접 접촉할 수 있다. 다만 기술 매체가 기록한 산물은 기술적 매개를 거친 것으로 볼 수 있고 그 기록은 우리의 신체적 효과와 내적인 상호관계를 설정함으로써 형성됐다고 볼 수 있다. 우리가 영화를 보는 것, 축음기 장치나 라디오의 소리를 듣는 것은 기술적으로 변형돼 우리 몸에 수신되는 시간의 흐름이다. 기술 매체는 이처럼 저마다의 방식으로 감각적 영역과 관련된 시간의 흐름을 기록, 저장, 변형해 수신자들의 신체로 전달한다.

---

71   Hansen(2015), 221.

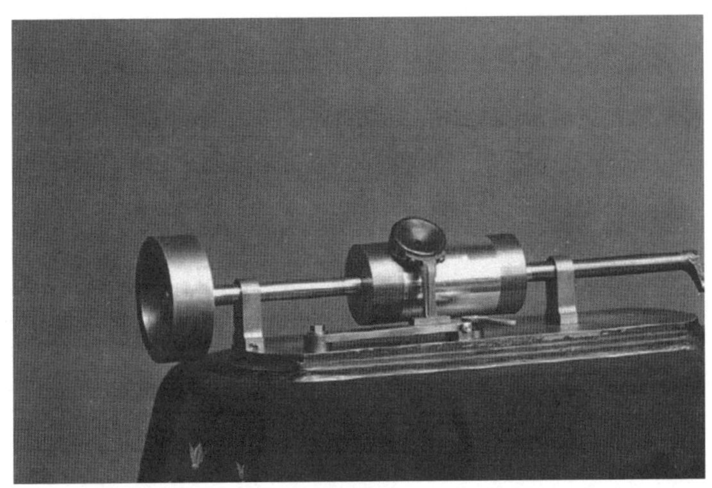

1877년경 에디슨이 만든 초기 포노그래프. **사진** Levin C. Handy.
초기 장치는 날카로운 바늘을 사용해 양철 포일을 감은 실린더에 소리의 진동을 새겨 넣는 방식으로 최대
1분 길이의 진동을 재생할 수 있었다.

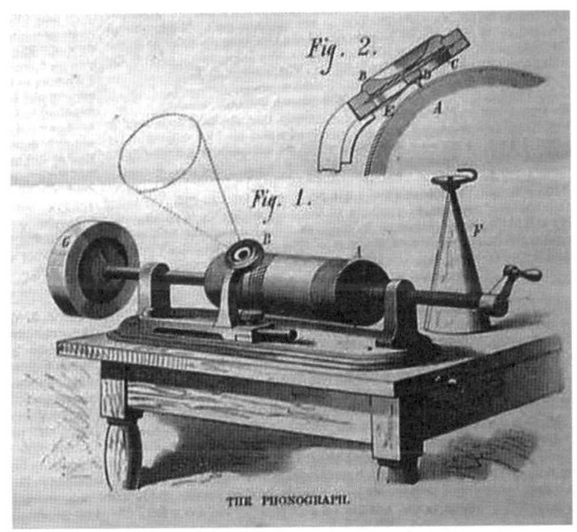

1878년 3월 30일자 'Scientific American'지에 실린 에디슨 포노그래프 관련 그림.

핸슨의 '시간 상징화'는 키틀러의 TAM 개념과도 연결점을 찾을 수 있다. TAM(time axis manipulation·시간축 조작)은 기술 매체의 기록 속도가 재생 속도와 달라질 때 발생한다. 우리가 카세트테이프로 음악을 들을 때 이를 빠르게 재생하면 정상적인 소리가 나지 않고 찢어지는 소음으로 바뀐다든가 영화에서 촬영된 필름을 거꾸로 재생해 시간의 반대 흐름대로 영상이 진행되는 것을 모두 TAM이라 할 수 있다.

키틀러는 축음기의 재생 속도가 녹음 소리보다 빠를 때 깨끗한 소리에만 변화가 생기는 게 아니라 전체 소음 영역에 변화가 생기고 이때 조작된 것은 상징적인 것이 아니라 실재적인 것이라고 말한다. 녹음 속도와 재생 속도의 차이가 발생시키는 소음은 녹음된 소리가 그보다 훨씬 넓은 소리 스펙트럼에 속해 있었음을 보여준다. 녹음 장치를 비롯한 각종 기술적 센서는 인간의 감각기관이 포착할 수 있는 범위를 넘어서는 시간적, 물질적 스펙트럼을 기록할 수 있다. 이런 기술적 기록은 인간의 지각 능력보다 훨씬 미세한 시간 단위의 변화나, 초음파 혹은 적외선과 같이 인간이 직접적으로 감지할 수 없는 신호까지 포함한다. 그러나 그런 포착이 곧바로 인간 감각의 대체로 이어지지는 않는다. 기계가 포착한 정보는 그 자체로는 인간에게 경험될 수 없으므로 인간이 수용할 수 있는 형식으로 변환되는 과정을 거쳐야 한다. 다시 말해, 기술적 감각은 인간의 신체적 감각기관과 동일한 방식으로 세계를 지각하거나, 인간 감각을 직접적으로 치환하는 기능을 수행하지는 않는다.

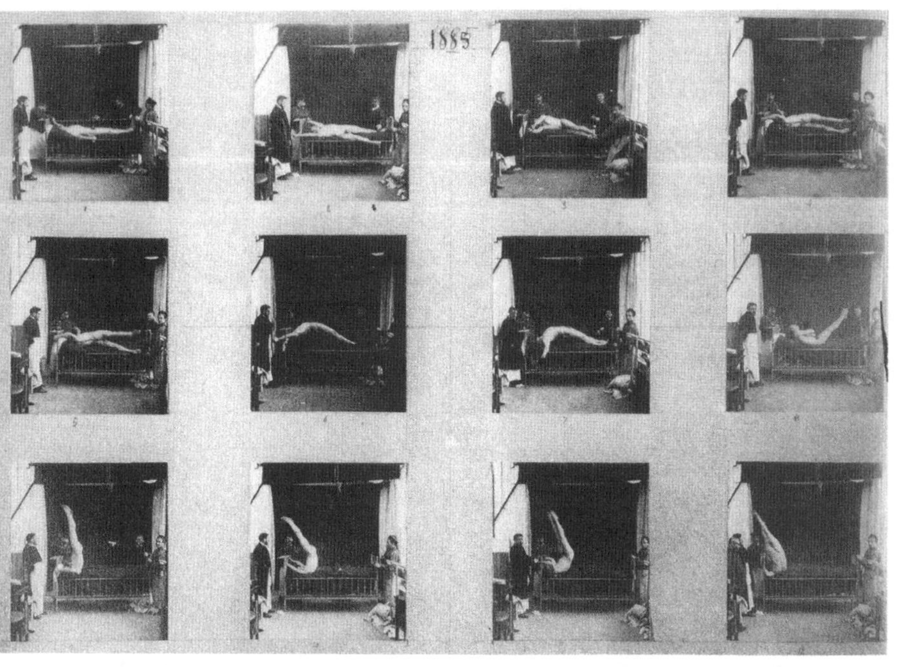

1885년 파리 살페트리에르 병원에서 알베르 롱드가 촬영한 히스테리 환자의 발작.
"1883년 알베르 롱드가 마이브리지의 뒤를 이어 전기 신호로 작동시키는 연속사진용 단기 노출 카메라를
개발한다. 그로부터 2년 후에 살페트리에르 병원에서 신경학자 샤르코가 이 카메라로 여성 히스테리 환자
를 촬영한다. 이 촬영 과정을 젊은 신경학자 프로이트가 지켜본다."(Kittler 1985/2015, 484)

따라서 TAM은 기술 매체와 인간이 서로 다른 척도를 사용할 수 있음을 보여준다. 우리가 감지하기에는 너무 빠르거나 느리거나 미세한 것을 기술 매체는 포착해 기록한다. 그리고 그 기록된 것을 인간이 지각할 수 있게 조정한다. 이처럼 인간과 기계는 감지 방식도 영역도 척도도 모두 다르지만 기술 매체의 기록이 인간에게 수신된다는 것 자체가 TAM이라 할 수 있다.

디지털 기술이 등장하기 전에도 이미 아날로그 기술 매체들은 인간의 감각적 역량이나 특성과는 다른 기계적 감각성 속에서 작동해왔다. 따라서 핸슨은 영화나 축음기가 모두 무언가를 인코딩한다는 사실은 공통적이며 그런 의미에서 이들은 서로 다른 종류의 상징계로 봐야 한다고 주장하기도 한다. 즉 실재를 조작 가능한 것으로 만드는 '인코딩 과정'을 갖는다는 말이다. 그때 인간은 그렇게 인코딩된 결과물을 지각할 수 있지만 그 정보 자체는 비-인간적 혹은 기계적인 것으로서 인간 지각 영역의 바깥에 놓이게 된다. 따라서 이는 인간과 기계의 간접적인 상호작용으로 이해할 수 있다.

키틀러가 주장하는 인간의 지각과 기록 기술의 관계 역시 간접적인 상호작용을 통해 형성된다고 볼 수 있다. 그리고 그런 상호작용은 디지털 기술과의 관계에서도 마찬가지로 확인된다. 디지털 컴퓨터의 계산 과정 역시 인간의 지각과 직접적 관계가 없다. 그리고 바로 그런 맥락에서 키틀러가 말하는 인간 신체의 '배제'를 이해할 수 있다. 즉 "키틀러가 디지털에 부여한 자율성은 (…) 기술 매체가 어떻게 감성적 실재에 대해 상징적 접근을 확장하는지 설명한다. 만일 인간의 지각이 오늘날 디지털 네트워크에서 '선택적 변수'가 됐다면, 그 네트워크가 인간의 지각 경험과 어떤 직접적 상호연관도 갖지 않는 감성에 접근할 수 있는 비지각적 모드에 개방돼 있기 때문이다."[72]

기술 매체는 실재가 인간과 상호작용할 수 있게 '인코딩'한다. 그것은 문자나 음표 같은 전통적인 상징 체계와는 전혀 다른 양상으로 작동한다. 키틀러는 인간 지각을 초과하는 기술 매체가 문자나 음표 같은 상징 체계로서는 포착할 수도 기록할 수도 없는 것에 접근해 인간의 형이상학적 사유의 한계까지도 초과한다고 주장한다. 왜냐하면 "형이상학은 언제나 그런 데이터 압축을 통한 이른바 본질의 대체물이었고, 글쓰기에선 돌발 상황을, 음악에선 소음을, 질서에선 엔트로피를 없애는 과정"[73]이었기 때문이다.

기술 매체는 소음 속에서 정보를, 무질서 속에서 질서를 포착한다. 그것은 어떻게 이뤄질까. 키틀러가 중시하는 푸리에 급수와 푸리에 적분은 바로 소음과 엔트로피를 기록하기 위한 방법이다. 모든 소리는 파동이고 각 소리 파동은 다양한 사인 곡선으로 표기된다. 푸리에 급수는 저마다 다른 주파수의 사인 곡선들을 무한히 결합할 때 주기적 파형이 나타남을 보여준다. 즉 무한히 작은 진폭을

---

72   Hansen(2015), 227.

73   Kittler(1993a), 195.

가진 사인파를 무한히 더하게 되면 그 결과는 규칙적인 것, 주기적인 것이 된다. 이처럼 푸리에 급수는 주기함수를 표현하는 방법으로, 이것으로 비주기 함수를 표현하려면 주기를 무한대로 확장하면 된다. 이렇게 무한대로 확장한 주기 때문에 푸리에 급수는 푸리에 적분이 되며 이는 매우 미세한 척도를 적용해 비주기적인 것에서 주기성을 산출하는 방법이 된다. 그 때문에 디지털 신호 처리는 일반적으로 푸리에 적분에 의존한다. 컴퓨터는 이산적 계산기이므로 연속적인 자연현상을 정확히 재현할 수 없다. 그때 이를 아주 잘게 쪼갠 뒤 순서대로 이를 보여주거나 들려주면 원래의 영상이나 소리처럼 느껴져 연속성을 띠게 된다. 영화가 초당 24컷의 이미지를 빠르게 보여줌으로써 우리에게 동영상으로 인식되는 것처럼 컴퓨터의 정보처리는 푸리에 급수를 통해 그 결과물을 자연현상처럼 감지되게끔 산출한다.

그리고 디지털 컴퓨터의 매개 과정은 일종의 공동 영역, 즉 인간-기계 공동의 감성적 지각 영역에서 이뤄지는 것으로 봐야 할 것이다. 오늘날 우리의 일상은 바로 이 공동 영역 속의 삶이나 다름없다. 우리가 사용하는 시간의 기본 단위는 1초다. 1초는 세슘-133이라는 원자에서 방출되는 특정 파장의 빛이 91억 9263만 1770번 진동하는 데 걸리는 시간으로 정의된다. 또 1미터는 이 세슘 원자에서 방출된 빛이 진공에서 2억 9979만 2458분의 1초 동안 진행하는 경로의 길이로 정의된다. 이처럼 우리는 우리가 감지할 수 없는 미세 규모의 진동을 감지하는 원자시계에 의존해 살아가는데 여기서 측정되는 시간의 단위는 인간적 시간이라고 보기 어렵다. 이는 시몽동Gilbert Simondon이 말했듯이 '우주적 관점의 시간'이라 할 수 있다. 그러나 이 우주적 시간을 우리가 지각하지 못한다고 해서 그것을 우리와 무관하다고 말할 수는 없다.

우리는 우리가 감지하지 못하는 미시적이고 거시적인 시간 속에서 살고 있다. 인간과 기술 매체의 척도는 서로 다르다. 그러나 그것은 서로 연결돼 있고 인간의 지각의 층위에서 확인된다. 바로 이런 방식으로 인간과 기계 혹은 인간과 비-인간은 공존한다. 따라서 키틀러의 매체론은 인간을 초과하는 척도를 통한 경험을 형성함으로써 인간에게 간접적인 영향을 미치게 특성화된 오늘날의 기술 매체적 환경을 설명하는 이론적 토대가 될 수 있다. 매체 융합적 환경은 우리의 경험과 기술적 데이터가 하나로 수렴해나가는 것으로서 현대 문화에 물질적 기반을 제공하고 인간 경험을 새롭게 구성하는 토대가 된다.

신체의 경계, 마음의 경계, 인간의 경계

이제 관객과의 상호작용이 중시되는 디지털 기술과의 관계에서 그리고 디지털 아트의 수용에서 키틀러가 인간을 배제한 것이 아님이 분명해졌다. 디지털 이미지 기술은 우리의 지각을 압도하거나 지배한다기보다는 새로운 지각 경험을 가능하게 한다.

이런 사유는 인간의 신체, 더 나아가 인간 자체의 경계를 어떻게 볼 것인가 하는 문제로 이어진다. 키틀러는 인간에 대한 이해가 환경, 특히 기술 매체적 환경 속에서 발생한다고 일관되게 말한다. 핸슨이 디지털 아트에서 중시하는 관객의 신체화된 경험은 매개된 경험이고 그것은 타고난 유기체로서 인간의 지각 능력만으로는 불가능하다. 따라서 키틀러는 기계적 감각 영역과 간접적으로 상호작용을 하는 포스트휴먼적 인간을 말하는 것으로 이해할 수 있다. 그런 의미에서 키틀러의 견해는, 인간은 역사의 어느 시대에나 늘 기술과의 공생자이고 인간의 불변하는 본성은 비생물학적 구성물이나 보조물들과 심층적인 관계를 맺을 수 있는 점이라고 주장하는 앤디 클라크Andy Clark의 주장과 일견 상통하는 듯하다.

클라크는 인간은 '타고난 사이보그(natural-born cyborgs)'라고 말한다. 우리는 사이보그를 미래의 기술이나 인간성이 말살된 타자, 심지어 인간의 자리를 침탈하려는 적으로 인식하는 경우가 많지만, 그는 인간이 애초에 사이보그로 태어났다고 주장한다. 그는 간단한 사고 실험만으로도 우리 자신의 신체적 경계와 신체적 현존에 대한 우리 감각이 고정되거나 움직일 수 없는 것이 아님을 알 수 있다고 말한다.[74] 그 대신 새로운 기술에 빠르게 영향을 받는, 계속 진행 중인 구성물이라 할 수 있다. 또한 인간이 인간일 수 있는 것은 우리가 비생물학적 구성물이나 보조물들과 심층적이고 복잡한 관계를 매우 유연하게 맺을 수 있는 능력 때문이고, '마음'과 '인

---

74   Clark(2003/2015), 95.

간'이라는 일상적 개념은 그 심층에서부터 비생물학적 버팀목과 보조물을 그 일부분으로 포함하는 시스템이라고 주장한다.

"인간의 두뇌가 가장 잘하는 일은, 엄청나게 다양한 종류의 비생물학적인 버팀목, 받침대, 도구와 자원들이 거주하는 문제 해결의 장에서 팀 플레이어가 되는 법을 배우는 일이다. 우리 두뇌는 점점 복잡해지는 기술적인 외피 속에서 발견하고 성숙하며 작동한다. 우리의 두뇌는 이런 기술적 외피에 자신의 활동을 끼워 맞추려고 하는, 본질적으로 타고난 사이보그의 두뇌다."[75]

이런 클라크의 주장은 우리가 TAM이나 '상징화된 시간', '매개된 경험' 등이 일반화된 상황에서 살고 있음을 생각할 때 정당하다. 우리는 예민하고 다양한 마이크로 센서 기술이나 소시오미터 장치 등을 통해 우리 자신에 대한 정보를 끊임없이 제공받는다. 그리고 그처럼 시차를 두고 전해지는 정보와의 시간 격차를 끊임없이 줄여나가는 기술 매체적 환경 속에서 존재하고 있다.

그런데 클라크의 관점은 키틀러와 상통하는 듯 보이지만 상당히 다른 전제를 갖는다. 클라크는 '확장된 마음(extended mind)'이라는 인지적, 협력적 모델에서 기술을 이해하는 반면, 키틀러는 기술을 인간을 넘어 독자적 원리와 체제로 작동하는 장치들의 체계로 본다. 다양한 기록 장치와 기술적 매체는 인간 감각과 인지적 차원을 넘어서는 정보를 처리하고, 인간은 이런 장치들의 작동 속에

---

75   Clark(2003/2015), 45

서 하나의 접속점으로 위치한다. 즉 인간과 기술의 공생은 클라크의 관점처럼 인간 중심적 능력의 증대를 전제로 하는 것이 아니라, 기술이 인간을 포함한 환경 전체를 구성하고 있는 비-인간적 구조 속에서 발생하는 현상이다.

따라서 둘의 관점은 인간과 기술의 얽힘을 강조한다는 점에선 유사하지만, 그들의 이론의 중심은 각각 인간중심주의와 기술자율주의로 근본적으로 다르다. 클라크가 인간 능력의 확장을 전제로 한다면, 키틀러의 기술철학은 비인간적 매체가 인간의 지각과 기억 그리고 사유를 조건화하고 재배치하는 방식을 전면화하는 데 초점이 있기 때문이다. 이런 대비는 인간과 기술의 관계를 이해할 때, 기술을 인간의 확장으로 볼지, 아니면 인간을 구조화하는 비-인간적 존재로 볼지를 가르는 중요한 기준을 제공한다.

1992년의 프리드리히 키틀러(1943~2011). **사진** Regina Schmeken/SZ Photo/laif

1989년 그라츠에서 강의하는 모습. **사진** *monoskop.org*

2007년 강의하는 키틀러의 모습.
사진 Jonathan Gröger / transmediale

2부 키틀러의 매체

4장

시간 저장 기술과 지각: TAM과 도플갱어

매체란 무엇인가. 쉽게 답하기 어려운 문제다. 아리스토텔레스는 그 자체는 우리 감각을 벗어나 있지만 우리의 감각 지각을 가능하게 하는 중간자, 사이 공간을 '토 메탁시(to metaxi)'라고 불렀고, 훗날 스콜라철학에 와서 다시 '매체(medium)'라는 이름으로 명명됐다. 즉 그것은 자신은 보이지 않으면서 자신을 통해 다른 대상을 볼 수 있게 한다. 이처럼 매체는 우리의 감각과 깊은 상관관계를 갖는 기술 혹은 사물이다. 그리고 일시적으로 나타났다 사라지는 감각 경험을 포착하고 측정하며 기록한다. 문자는 거의 최초의 그리고 여전히 중요한 기능을 하는 매체다. 문자는 소리 자체를 포착하지는 못하지만 그것을 상상적으로 떠올릴 수 있게 해 간접적으로 전달한다.

고대 그리스의 필롤라오스는 가수와 음악가들에게 완전 4도음을 내려면 리라 줄을 어떻게 울려야 하는지 가르치기 위해 'δ와 γ 사이(δ καὶ γ)'라고 간단히 적어 두었다. 즉 '줄을 4대 3의 비율을 표시하는 지점에서 뜯어라'라는 의미다. 그래서 그의 기록을 보는 사람은 누구나 완전 4도음을 리라로 연주할 수 있었다.[75] 육보격도 마찬가지다. 세이렌의 노래는 호메로스에게 다시 울리고 이를 기록한 시를 읽는 사람들은 세이렌과 마찬가지로 영웅의 이름을 부를 수 있었다. "고귀한 오디세우스여, 가까이 오세요. 아카이아의 자랑이자 영광이여!" 필롤라오스가 연주했던 완전 4도음과 세이렌의 노래는 허공 속으로 흩어졌으나 알파벳으로 기록된 그 소리들은 다른 사람들에게 생생히 전달됐다. 그것이 매체가 하는 일이다. 키틀러는 매체의 의미를 이렇게 밝힌다.

기호의 의미란 어떤 의미를 만들어내는 데 있지 않다. 기호는 정의 속에 감각을 가두기보다, 오히려 우리의 감각을 예민하게 벼리기 위해 존재한다. 마찬가지로, 매체의 의미란 의미를 전달하는 데 있지 않다. 매체는 지금 이 순간 사라져버릴 것들을 다른 이들의 감각 속으로 옮겨놓기 위해 존재한다.[76]

물론 알파벳이 소리 자체를 기록하는 것은 아니다. 하지만 말하고 노래하는 모든 것, 즉 소리내기의 방식이 기록됨으로써 전달될 수 있게 만들었다는 중요한 성취를 이뤘다. 이처럼 매체는 발생하

---

75   Kittler(2006b), 56.

76   Kittler(2006b), 57.

지만 지속시킬 수 없는 감각적인 것들을 포착하는 기술로 이해될 수 있다.

감각은 우리가 세상과 만나는 과정의 첫 단계이자 세상을 보는 방식을 규정하는 매우 근본적인 메커니즘이다. 우리는 세상을 어떻게 접하는가. 그 방식은 어떻게 형성되고 또 어떻게 설명될 수 있나. 또 그런 구조는 예술에 어떻게 반영되는가 등의 문제는 미학의 전통적 연구 대상이기도 하다. 감각이 듣기나 보기 같은 외부 자극에 대한 생리적 차원의 반응이라면 그 감각 정보를 해석해 의미를 부여하는 인지적 과정이 지각이다. 따라서 매체가 우리의 감각 데이터를 기록하는 과정은 동시에 우리의 지각 방식을 변형하거나 새롭게 구축하는 것이기도 하다.

인간의 지각 방식에 관한 연구가 새로운 국면을 맞게 된 것도 기술 매체의 등장과 관련된다. 기술 매체 자체가 우리의 지각 메커니즘과 역량 등에 대한 생리학적 연구를 통해 개발됐고 기술 매체의 등장과 더불어 우리의 시청각 지각 방식이 그 영향을 결정적으로 받게 됐기 때문이다. 따라서 1960년대부터 본격적으로 시작된 매체 연구에선 문화구성체의 변화 근거를 상당 부분 매체의 기술 내재적 논리에 두고 있고 신체의 문제, 즉 지각과 매체의 관계가 중요한 연구 주제로 상정되고 있다. 키틀러가 기록시스템의 불연속성과 이질성을 강조하는 이유 역시 각 기록시스템에서 이뤄지는 지각 방식이 매우 다르기 때문이라 할 수 있다.

키틀러 지각 이론의 주요 내용과 그 의미를 살펴보기 전에 그

에게 큰 영향을 미친 헬름홀츠Hermann von Helmholtz의 시지각 연구
에 대해 먼저 알아보자. 그다음 키틀러가 매체의 중요한 속성이자
작용으로 보는 TAM(시간축 조작)이 문자, 아날로그 매체, 디지털
매체에서 각각 어떻게 이뤄지는지 알아볼 것이다.

헬름홀츠의 시지각 연구

키틀러는 2007년 진행된 한 인터뷰에서 자신의 사유 속에 인간
의 감각은 어디에 위치하느냐는 질문을 받고 "글쎄, 인간 감각에
대해선 잊어버리도록 하자"[77]며 논의 자체를 거부했다. 그는 오히
려 오늘날은 '감각'이나 '신체'에 대해 지나치게 강조하고 관련 담
론이 넘치는 것이 문제라고 말한다. 확실히 그는 매체의 기술적 처
리 과정과 발전사에 중점을 둔다. '영화'에 대해 분석할 때도 그것
이 광학 장치였음을 중시한다. 영화가 보여주는 이미지 재현의 문
제나 관련된 이데올로기 문제 등은 그의 관심사가 아니다. 또 무
성영화에서 유성영화로의 이행을 전기통신 기술의 발전 과정으로
보면서 기술 변천사를 상세히 고찰하고, TV를 논할 때도 에디슨
이 발명한 전구가 진공관으로 파생됐다가 브라운관 형태로 존속
하는 가운데 탄생했다는 점을 중시한다. 또 영화와 달리, TV는 인
류가 오래 꿈꿔온 무언가가 실현된 것이 아니라 생각지도 못한 기

---

77   Gane & Sale(2007), 324.

술적 부산물이라고 말하기도 한다. 기술사의 내재적 논리에 따르면 예기치 못한 산물이라는 것이다. 이처럼 그는 영화나 TV, 디지털 기술 등이 생산하는 이미지의 특성이나 의미에 대해 분석하기보다는 그 이미지의 저장과 전송, 처리 원리에 주목한다. 이런 방법론은 그가 기술의 진보와 혁신을 인간의 지각 및 신체와 애써 떼어놓는 것처럼 보인다.

그러나 키틀러는 동시에 광학 기술의 진보에 19세기 생리학과 정신물리학적 성과가 결정적 토대가 됐음을 중요하게 상정하기에, 그가 인간의 생리학적 지각과 몸의 특징을 무시하거나 간과한다고 볼 수는 없다. 기술이 정보 조작을 통해 인간의 감각 지각적 경험 역시 조작할 수 있게 된 상황은 디지털 기술에서 시작된 것이 아니다. 아날로그 매체 역시 이미 인간의 생리학적 지각의 범위나 능력을 넘어서 인간 지각의 표준화를 시도했다. 아니, "기술 매체 자체는 전략적으로 인간의 감각을 능가하도록 개발됐기 때문에 소위 인간의 모델이 된다."[78]

그런데 인간의 감각을 능가하도록 개발됐다는 기술 매체가 인간의 시지각 메커니즘보다 뛰어나거나 완벽하다는 의미는 아니다. 앞서 2장 '컴퓨터 그래픽스의 텍스트성과 알고리듬'에서 살펴보았듯이 키틀러는 소프트웨어 알고리듬이 우리의 시지각을 모방하거나 뛰어넘는 것이 아니라 이를 왜곡하고 축소한다고 주장한다. 또

---

78   Kittler(2002/2011), 60.

어떤 컴퓨터 그래픽 기법도 자연의 풍부한 빛의 효과를 완전히 표현할 수는 없다고 말한다. 이런 주장은 그가 인간의 감각 지각과 자연적 실제, 매체의 관계를 어떻게 바라보는지 파악할 수 있게 한다. 그리고 이는 그의 지각 이론에 중대한 영향을 미친 19세기 생리학자이자 정신물리학자인 헬름홀츠의 지각 이론을 살펴보면 좀 더 이해하기가 쉽다.

헬름홀츠는 인간의 감각과 지각, 특히 시각 연구에서 결정적인 기여를 한 인물로 평가받는다. 그는 당대 생리학적 시지각 연구 분야의 성취를 종합적으로 정리하고 분석했다. 그에게 광학 기구로서의 눈의 메커니즘을 이해하는 문제가 중요했던 이유는, 시각을 통한 외부 사물에 대한 이해가 우리의 인식 과정과 결부돼 있기에 감각의 이해가 우리 인식의 이해이자 인간에 대한 이해로 통한다고 봤기 때문이었다. "인간이 갖는 모든 지식은 결국 (…) 직접적이든 간접적이든 감각에 의한 이해에서 제공된다."[79] 즉 생리학은 인식이 신체에 의해, 특히 눈의 물리적이고 해부학적인 구조 및 기능 작용에 의해 조건 지어진다는 전제하에서 진행됐다. 헬름홀츠는 토머스 영Thomas Young의 색채 이론을 발전시켜 인간 망막엔 서로 다른 세 종류의 수용기(원추세포)가 있어 각각 빨강, 초록, 파랑 영역의 빛에 민감하다는 가설을 정립했다. 영과 헬름홀츠의 삼색설은 현대 색채 과학과 RGB 시스템 같은 디스플레이 기술의 기초

---

79   Helmholtz(1868/1995), 127.

가 됐다.

또 그는 인간의 지각은 단순한 감각 입력의 합이 아니라 과거의 경험과 맥락을 바탕으로 한 무의식적 추론의 결과라고 주장했다. 예컨대 시지각의 경우 명암이나 그림자 등의 단서가 뇌에 의해 자동적으로 해석되어 물체의 거리와 형태를 인식한다는 것이다. 이런 통찰은 후대의 인지심리학 등에 큰 영향을 미쳤다.

그런데 헬름홀츠의 연구 성과 중 흥미로운 것은 그가 당대에 보고된 눈의 수많은 오류와 불완전함을 나열하며 눈과 비슷한 메커니즘을 가진 카메라 옵스큐라 같은 광학 장치들은 그런 오류를 일으키지 않는다고 지적하는 점이다. 동시에 그는 눈이 광학 장치에서 발견될 수 있는 모든 가능한 결함을 갖고 있음에도 불구하고 어떤 광학 장치보다도 우수하고 복잡하게 작동한다고 말한다. 그는 우리의 시지각이 얼마나 복잡하고 섬세한 메커니즘을 갖고 있는지 여러 실험과 관찰을 통해 탐색했던 것이다. 일테면 그가 규명한 수정체 조절 메커니즘은 우리가 가까운 거리의 물체를 볼 때는 수정체가 더 볼록해져 초점을 맞추고 먼 거리의 물체를 볼 때는 반대의 현상이 일어난다는 사실이었다. 또 빛이 망막에 맺히는 방식을 실험으로 증명하고 근시와 원시, 난시 같은 굴절 이상의 문제도 깊이 연구했다. 반응 시간 측정을 통해 신경 자극의 전도 속도를 계산한 선구자 중 한 명이기도 하다. 결국 광학적이고 역학적인 물리학 원리를 생리학에 접목해 시지각 연구를 정량적인 실험과학으로 발전시켰고, 인간의 지각이 신비로운 과정이 아니라 측정

가능한 생리적이며 심리적인 과정이라는 관점을 확립했다. 즉 시지각 연구를 과학화하면서도 인간 지각 과정에 포함된 인지적 해석을 강조한 것이다. 이처럼 그는 괴테와 쇼펜하우어가 '주관적 시각'이라는 모델로 개괄한 생리학적 광학을 완성한 인물이었다.[80]

그의 이론과 주장에서 두 가지 중요한 점을 확인할 수 있다. 첫째, 눈은 가장 복잡하면서도 우수한 광학 장치로 어떤 인공적인 광학 장치도 그 복잡한 메커니즘을 따라갈 수 없다. 둘째, 시지각의 메커니즘은 저절로 주어지는 것이 아니라 경험과 훈련에 의해 구성되고 발현되는 성취의 결과다. 이런 관점은 인간의 시지각을 기술적일 뿐 아니라 매개적인 것으로 이해한다는 측면에서 키틀러와 긴밀히 연결된다.

헬름홀츠는 인간의 눈을 광학 장치에 비교하는데 예컨대 눈을 구성하는 망막과 수정체, 홍채는 렌즈와 필름, 셔터에 견줄 수 있다. 또 지각 연구를 위해 프리즘이나 거울, 카메라 옵스큐라 같은 광학 실험 장치를 적극 활용하고 물리학과 수학의 언어로 시각을 기술했다. 한편 시지각이 단순한 감각 자료의 입력이 아니라 과거 경험을 기반으로 한 무의식적 추론이라고 주장하며 지각이 일종의 '역사적 습관'이라고 봤다. 키틀러 역시 매체사 전반을 통해 다양한 기록 기술이 지각을 조직한다고 보았다. 두 사람 모두 지각을 변하지 않는 순수한 감각이거나 투명한 창과 같은 것이 아니라 시

---

80   Crary(1990/2001), 133.

우리 눈의 잔상 효과와 착시 현상을 이용한 초기 애니메이션 장치들. 페나키스토스코프(맨 왼쪽)는 좁은 틈을 통해 보면 회전하는 원반의 이미지가 마치 연속적인 동작을 하는 것처럼 보였다. 프락시노스코프는 안쪽 원기둥에 거울을, 바깥쪽 원통 내부에 그림띠를 두른 다음 원기둥을 회전시키면서 거울을 바라보면 반사된 그림띠가 움직이는 것처럼 보였다. 조이트로프(가운데)는 이 둘을 결합한 것으로 틈새로 그림띠를 두른 회전하는 원통을 들여다보게 했다.

대적이고 기술적인 조건에 따라 재구성되는 것으로 보고 있음을 알 수 있다.

　19세기엔 생리학의 성과 위에서 시지각의 특징을 활용하는 간단한 오락용 광학 장치들이 다양하게 등장했는데 주프락시스코프나 페나키스토스코프 등이 그것이다. 하지만 어린아이들의 장난감처럼 보이는 그 단순한 장치들은 우리 눈의 잔상효과나 스트로보스코프 현상 등이 알려졌기에 가능한 산물들이었다. 그것은 영화는 물론 현재의 디지털 기술이 보여주는 광학적 효과와도 크게 다르지 않다. 우리 눈의 복잡하면서도 능동적인 메커니즘은 모든 광학적 매체의 표준 속도를 규정한다. 이처럼 기술 매체는 우리 시지각이 지닌 모든 특징이나 기능을 압도하거나 뛰어넘는 것이 아니라 그것을 이용한다고 말할 수 있다. 즉 '매체를 통한 지각 정보의 재구성'이 중요하다. 따라서 헬름홀츠의 시지각 연구는 키틀러의 '지각 개념'을 이해할 수 있는 전사前史라 할 수 있다. 이를 보면 키틀러가 훔볼트 대학의 '헬름홀츠 문화기술센터'의 창립 멤버였던 이유도 미뤄 짐작할 수 있다.

매체는 우리 눈의 생리적 메커니즘을 활용하고 그것과 상호작용을 하지만 그 메커니즘을 모방하는 방식으로 구성되거나 작동할 필요는 없다. 또 기술은 인간의 몸과 상호작용을 하지만 그것을 흉내 내거나 닮는 방식으로 제작될 필요는 없다. 오히려 그러한 닮음 관계에서 자유로울 때 인간의 감각 지각 활동이나 정보를 효율적으로 기록하고 전달할 수 있다.

시지각적 미디어의 암호화 과정과 TAM

이처럼 19세기의 광학적 장치들은 물론 아날로그 영화와 디지털 이미지 기술 역시 인간의 시지각 메커니즘과 긴밀하게 연관돼 있고 그렇게 획득한 정보를 효율적으로 처리함으로써 작동한다고 말할 수 있다. 이와 관련해 키틀러는 새로운 매체가 습관이나 이전 매체에 의해 구성된 감각의 작동을 분석할 뿐 아니라 이전 매체와 꼭 닮은 결과물을 산출하려는 경향이 있음을 지적한다. 즉 새로운 매체는 이전 매체에 익숙해 있는 사람들의 지각 습관에 최대한 맞추는 전략으로 등장한다는 것이다. W. J. T. 미첼은 바로 그 점이

『축음기, 영화, 타자기』에서 키틀러가 주장하는 핵심 내용 중 하나라고 강조한다.[81] 컴퓨터 그래픽도 많은 소프트웨어 알고리즘을 통해 사진과 영화, 심지어 회화를 모방한다. 특히 대중 매체 속의 디지털 이미지들은 더욱 그렇다. 키틀러가 직접 언급하는 대표적 알고리즘인 광선추적과 방사선법 모두 그렇다.

그런데 매체를 통한 정보의 재구성이란 매체를 통해 기록되고 전달되는 모든 것이 특정 방식으로 암호화된다는 의미다. 손글씨나 인쇄술의 시대엔 모든 방식의 글쓰기가 상징적 세계에 묶여 있어 문자라는 표기법으로 옮겨지는 방식이었고, 기술 매체 시대엔 그런 상징적 체계를 넘어서는 물리적 실재를 저장하고 생산하는 방식이라 할 수 있다. 키틀러에게 이런 방식 전환은 매우 중요한 의미를 지닌다. 글쓰기가 기호의 본성에 내재한 것들만 기록할 수 있었다면 기술적인 아날로그 미디어는 글쓰기의 독점을 깨고 인간이 구축한 상징적 질서를 초과하는 것을 기록한다. 기술적 매체는 문법적 규격화의 병목 현상을 통과하지 못하는 우발적이며 혼란스러운 것들까지도 저장, 생산할 수 있게 된다.[82]

문자와 기술적 매체 모두 무언가를 저장하려면 그 정보의 시간적 흐름에 변화가 일어나야 하는데, 키틀러는 그것을 TAM 개념으로 설명한다. "TAM이란 시간 연쇄적인 데이터 흐름을 다르게 조

---

81   Mitchell(2005/2012), 320.

82   Krämer(2004), 2.

작하는 것으로 시간의 흐름에 따르는 정보의 흐름을 공간 좌표 위에 배치함으로써 가능해진다."[83] 그는 다양한 매체 기술을 역사화하는 과정에서 시간 관리 방법으로서의 기술에 대한 설명을 중요하게 보고 있다. 또 그가 보기에 인간의 몸은 기술적 매체에 의해 침투되지 않을 뿐 아니라 도구의 투사로 재구성될 수 없기에 매체가 될 수 없다. 인간의 음성이 매체가 아닌 이유 역시 그것이 재생될 수 없고 데이터 조작 가능성이 개입할 수 없기 때문이다. 인간은 물리적 존재로서 시간의 흐름을 되돌릴 수 없다. 인간은 비가역적 상황 속에서 현존한다. 그런데 기술은 이런 비가역성을 코드화함으로써 시간 자체를 조작할 수 있는 것으로 만든다. 그렇게 문자나 음표 같은 상징 체계, 아날로그 미디어와 디지털 미디어는 모두각기 다른 TAM 방식을 보여준다.

먼저, 인간의 몸은 TAM이 불가능하므로 매체가 아니다. 반면 문자는 매체다. 문자는 발화된 언어를 특정 공간에 자리 잡게 하는 기술이며 그 기술에 의해 공간화된 구문 구조는 반복, 변경될 수 있다. 따라서 키틀러는 최초의 TAM 기술을 문자로 본다. 문자를 통해 시간이 반복, 저장될 수 있기 때문이다. 시간의 비가역적 질서를 공간 질서로 옮겨놓는 글이라는 매체는 시간 질서를 저장할 뿐 아니라 변경, 역전하기도 한다.

지빌레 크래머에 따르면 키틀러의 관심은 당시의 문학 연구 영

---

83   Kittler(1993a), 202-203.

역 전반에 만연해 있던, 구어와 달리 글쓰기는 이차적이고 파생적이며 보조적이라는 믿음을 재현하려는 시도를 넘어서는 데 있었다.[84] 문자 매체는 의미 사슬의 좁은 틈을 통과한 데이터, 즉 코드의 형태로 제공된 데이터를 저장, 생산한다. 그처럼 사라져버렸을 인간의 말과 음악을 기록하기에 문자를 이차적이고 파생적이며 보조적인 차원이라고 볼 수는 없다.

키틀러는 이를 설명하기 위해 라캉의 용어인 상징계를 차용한다. 상징계는 인간 주체가 언어와 사회적 질서 속에서 형성되는 과정을 설명하는 세 개의 레지스터 중 하나로 언어나 법, 규칙 및 사회적 관계의 네트워크로 이뤄진 질서를 말한다. 그것은 주체가 세계를 이해하고 관계 맺을 수 있게 하는 의미의 장이라 할 수 있다. 또 라캉에게 언어는 단순한 전달 도구가 아니라 의미를 산출하는 구조적 장치이며 그것은 기표들의 관계망으로 구성된다. 따라서 상징계는 기호가 다른 기호로 대체될 수 있고 그러한 기호들 간의 미끄러짐 속에서 의미가 발생한다. 라캉은 상징계란 완벽하게 닫힌 체계가 아니라고 보았다. 언어는 모든 것을 표현할 수 없고 항상 어떤 결여가 존재한다. 이 결여가 바로 상징계의 균열 혹은 공백으로서, 주체로 하여금 무언가를 계속 욕망하게 만든다.

키틀러는 이처럼 인간과 언어, 사회의 관계를 설명하는 라캉의 용어를 문자나 인쇄술 같은 매체들의 속성으로 차용한다. 그는 알

---

84   Krämer(2004), 209.

파벳적 글쓰기를 공백의 발명과 함께 '연쇄적 말의 시간 계열의 각 요소에 공백을 할당하는'[85] 기술로 간주한다. 우리가 하는 말은 시간 속에서 흘러가는 연속적 소리다. 키틀러는 이것을 '연쇄적 말의 시간 계열'이라고 부른다. 그것은 일시적이고 덧없다. 그런데 알파벳이 문자 체계로 정립된 뒤 서구의 글쓰기 문화엔 공백, 즉 띄어쓰기 기법이 생겨났다. 이 글자 사이의 공백은 가독성을 높일 뿐 아니라 문자를 서로 분리된 단어나 음절로 나눠 독립된 좌표를 부여한다. 우리는 말의 순서를 뒤집거나 바꿀 수 없다. 하지만 글쓰기는 이것을 가능하게 한다. 시간의 순차적 흐름을 공간의 병렬적 순서로 전환함으로써 문자 매체는 시간 순서를 저장할 뿐 아니라 조작, 반전하게도 하는 기본 형식이 된다.

또 하나의 기호가 다른 기호로 대체되게 하는 이동 및 대체 과정의 전제 조건이 바로 공백이다. 띄어쓰기가 아니라 각 단어나 음절이 놓일 자리 자체도 공백이다. 그 자리에 들어갈 단어나 음절은 사실상 교체될 수 있다. 또 의미의 사슬은 비어 있는 공간과 채워진 공간이 구별될 때만 다양한 조합으로 구성되고 재구성될 수 있다. 상징계의 이런 특징은 또한 상징계가 시간을 불연속적인 단위로 나누는 도구가 되도록 예정하고 있다. 바로 여기서 상징계와 시간 사이의 연결이 중요해진다. 상징계를 지시함으로써, 문자 매체는 특정한 시간 질서를 고수한다. 텍스트와 악보는 '시간 저장'의

---

85   Kittler(1993b), 182.

수단이 되지만 그 이상의 역할을 한다. 따라서 키틀러는 '글쓰기는 역사적으로 시간을 조작하는 최초의 기술'이라 말한다.[86]

키틀러에게 데이터 처리로 간주되는 매체 기술은 바로 사물의 질서를 바꿀 가능성을 창조하기 위한 공간적 방법이며, 그것은 무언가를 기록, 저장하기 위해 시간적 질서를 반드시 공간적 구조로 물질화한다.[87] 그가 인쇄술의 발명보다 두루마리에서 코덱스로의 전환을 더 중요한 매체적 혁신으로 보는 것도 정보의 순차적인 질서에서 벗어나는 가능성을 높이 사기 때문이다. 두루마리는 나중에 올 텍스트를 미리 읽거나 전에 읽은 것을 다시 찾아 읽는 일이 쉽지 않다. 두 손으로 조금씩 펼치고 말면서 읽기 때문이다. 반면 코덱스는 여러 장의 양피지를 제본한, 책의 전신이다. 그것은 물질의 시간적 공간을 텍스트 내의 개인화되고 흔적을 남길 수 있는 공간으로 변형한 최초의 기술이다. 따라서 책보다 먼저, 새로운 TAM의 가능성을 보여준 기술이라 할 수 있다.

그런데 코덱스든 책이든 결국 문자를 사용하므로 거기서의 데이터 처리는 상징 체계적 질서를 따른다. 아날로그 매체는 바로 이런 한계를 넘어선다. 아날로그 매체로 인해 시간의 저장과 생산이 자유로워진 것이다. 그리고 이들 매체의 등장과 더불어 인간의 시간 경험과 그에 대한 기술적 지배에도 근본적인 변화가 일어난다.

---

86   Kittler(1993b), 182.

87   Krämer(2004), 203.

De même, s'il s'agissait d'un laboureur, d'un vigneron, d'un matelot ou d'un soldat, dont la langue indocile se montrait rebelle à la parole, il devenait bien difficile d'appliquer la loi. C'eût été vraiment perdre le temps des juges, et aussi se moquer d'eux que de leur produire un plaideur absolument incapable d'exposer le premier mot de son affaire. N'était-ce pas d'ailleurs une injustice criante que de pauvres vieux soldats blanchis sous le harnais, qui dans maints combats s'étaient couverts d'une glorieuse sueur, fussent exposés sans défense aux attaques d'un vil sycophante, et se vissent ravir par une condamnation l'argent qui devait servir à leur assurer des funérailles décentes? Il avait paru juste que ce plaideur inexpérimenté pût appeler à son aide quelque ami bienveillant et disert, dont la langue officieuse voulût bien porter secours à sa détresse. Et comme les amis habiles et désintéressés étaient aussi rares à Athènes qu'ailleurs, il avait bien fallu s'adresser à quelque rhéteur ou sophiste de profession, dont on reconnaissait en secret les services par le paiement d'un honoraire.

문장 및 단어 간격의 역사. 프랑스어는 한국어, 영어와 달리 구두점 중 물음표와 느낌표, 콜론, 세미콜론 앞에 선 한 칸 띄어 쓴다.

This line is spaced with em-quads.
This line is spaced with en-quads.
This line is spaced with 3-em spaces.
This line is spaced with 4-em spaces.
This line is spaced with 5-em spaces.
The letters in this word are hair-spaced: America.
This is a 3-em dash: ⸺
This is a 2-em dash: ⸺
This is an em-dash: —
This is an en-dash: –

1911년판 『시카고 매뉴얼 오브 스타일』은 시카고대 출판부에서 채택한 편집 및 조판 스타일을 모아놨다. 행 간격을 'em quad'으로 잡고 단어 간격을 그것의 3분의 1, 4분의 1 등 크기로 조절하는 예시를 적었다.

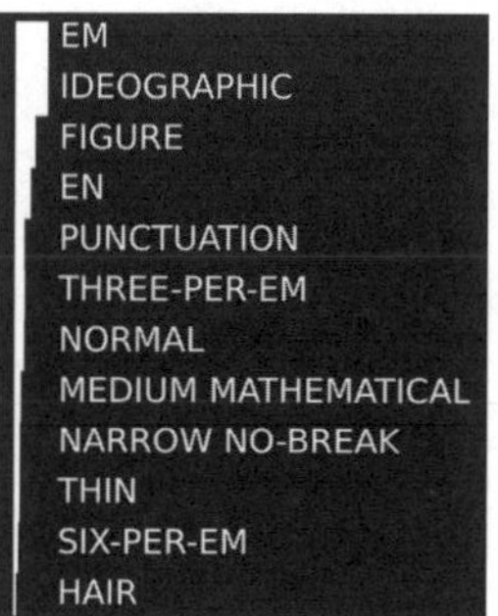

다양한 유니코드 공백 문자의 너비. 디지털 타이포그래피에선 텍스트상 공백을 컴퓨터가 데이터로 인식하도록 '공백 문자(whitespace character)'로 표시한다. 공백 문자는 가로 너비를 보통 글자 한 자 정도로 설정하나 서체에 따라 달라진다.

기술 매체는 물질적 실재 자체를 조정 가능한 코드로 변형할 수 있고 그로써 '시간적 사건의 역전 가능성'을 만들기 때문이다. 축음기와 영화는 이를 가능하게 한 최초의 기술 매체들이다. 에디슨은 축음기 실험을 통해 음악을 거꾸로 재생할 수 있음을 발견했을 뿐 아니라 음의 흐름을 새롭게 편집함으로써 TAM의 가능성을 보여준다. 또 축음기 자체가 인간의 글쓰기 속도로는 도저히 처리할 수 없는 미세한 단위의 시간을 다룬다. 따라서 "푸리에의 수학적 파동 해석과 헬름홀츠의 생리학적 음향학이 없었다면 축음기는 발명될 수 없었을 것이다."[88]

영화 역시 마찬가지다. 조르주 멜리에스Georges Méliès 감독의 영화에선 파괴된 돌무더기가 다시 성벽으로 완전히 복원되거나 잘 구워진 소시지가 정육점의 돼지로 되돌아간다. 그런데 영화의 TAM 역시 이런 역재생 양상만을 뜻하는 것은 아니다. 예컨대 초기 영화들은 초당 16프레임의 이미지가 영사됐다. 그런 영화들에서 깜박임 증상이 나타난 뒤 이를 해결하는 과정에서 아날로그 영화의 표준이 되는 초당 24프레임의 영사로 바뀌게 된다. 이런 변화 역시 TAM에 속하는데 초당 몇 컷의 이미지가 표시되느냐에 따라 각 컷의 영사 시간이 달라지기 때문이다. 이처럼 TAM은 매체의 표준화 과정과 관련된다. 초당 16프레임씩 영사되던 초기 영화는 24프레임 표준 영사기로 상영될 경우 정상적인 재생이 어렵게 된

---

88   Kittler(1985/2015), 401.

다. 무성영화 시절엔 촬영할 때와 상영할 때의 영사 속도가 제각각 이었지만 엄연히 기술 표준은 존재했다는 말이다.

텔레비전의 경우는 미국과 독일, 프랑스 등 각국의 송수신 방식 이 서로 달랐다. NTSC 방식, PAL 방식, SECAM 방식 등은 각각 색 신호의 변조 방식이 달라 각 방식에 적합한 TV 수상기가 아니 면 화면이 진동하므로 보는 사람에게 현기증을 일으킨다. 따라서 각 국가는 자신들만의 표준 방식을 채택한다. 이처럼 영화나 텔레 비전이 마치 실제 시간의 흐름을 있는 그대로 보여주는 것처럼 보 이지만 이들의 영상물은 TAM의 결과물이다. 또 TAM은 영화를 비롯한 기술 매체의 대량 보급을 위해 반드시 선행되어야 할 산업 표준의 중요한 요소라 할 수 있다.

키틀러는 문자도 일종의 TAM이라고 하지만 그 본래적 특성은 기술적 미디어에서 구현된다. 그는 매체를 '시간적 사건을 분절하 고 재조합하는 장치'로 봤기 때문에 섀넌Claude Shannon의 커뮤니케 이션 이론을 중요하게 언급한다. 섀넌의 이론은 이런 시간적 시퀀 스를 정량화, 목록화하는 최초의 보편적 수학 모델로 근본적으로 우발적 사건의 처리를 목표로 한다. 이런 우발성은 시간적 흐름 속 에서 발생하는 사건이 예/아니오, 존재/부재의 선택 가능성을 가 진다는 점에서 정보로 계산될 수 있다. 정보량은 사건의 발생 가 능성이 낮을수록, 다시 말해 우연성이 클수록 증가한다. 따라서 섀 넌이 말하는 정보의 개념은 확률적 특성에 대한 정량화, 즉 시간적 사건의 불확정성을 측정하는 수학적 모델을 형성한다. "물질적 필연성이 지배하는 라플라스적 우주에선 정보가 존재하지 않는다"[89]
는 말은 바로 이런 정보의 우연성 기반을 드러낸다.

또 통신 기술자는 실제 채널의 조건에서 필연적으로 발생하는 우발적 잡음을 처리하기 위해, 신호와 잡음의 원천을 서로 다른 것으로 간주하고 이를 단순히 합산된 것으로 모델링하는 '이상화'를 사용한다.[90] 이 방식은 의도된 신호, 즉 계획된 사건과 우연한 잡음, 즉 우발적 사건을 구분해 시간적 시퀀스를 통제하는 공학적 요령이다. 그러나 키틀러는 신호와 잡음에 대한 이런 분리 모델 대신 섀넌의 정보 이론에 기반한 좀 더 급진적 해석을 제안한다. 키틀러에게 신호와 잡음은 모두 동일한 시간적 시퀀스의 확률적 변형이고 그때 둘의 관계는 '기호화된 신호와 그 해독 과정'의 관계로 해석될 수 있다. 즉 잡음은 단순한 오류나 방해가 아니라 시간축 위에 나타나는 또 하나의 코드 조작이다. 이 관점에서 신호와 순수한 잡음의 차이는 평준화되고 잡음은 코드의 일종으로 해석된다.

바로 이런 점에서 섀넌의 이론은 TAM 개념과 연결된다. TAM은 매체 기술이 시간적 연속성을 정량화해 재배열하는 과정이고 그 핵심은 시간 속에서 발생하는 사건들을 확률적 시퀀스로 처리하는 능력에 있다. 섀넌의 모델은 시간적 사건을 정보량으로 측정하고 신호와 잡음의 모든 변형을 수학적으로 표상할 수 있게 함으

89　Kittler(1993b), 164.
90　Kittler(1993b), 165.

24프레임은 어떻게 표준이 됐나. 1878년 에드워드 마이브리지는 달리는 말을 12대의 카메라로 연속적으로 촬영해 크로노포토그래피(chronophotography)라는 방식으로 인화했다. 달리는 말의 연속 동작을 찍은 사진들은 말이 달리는 동안 네 발이 지면에서 완전히 떼는 순간이 있는지를 확인해달라는 의뢰에 따른 것으로, 말의 네 발이 앞뒤로 모두 뻗는 모습이 아니라 굽히는 모습으로 벌어짐을 확인함으로써 눈의 한계에 의한 기존의 시각적 오류를 바로잡았다. 이후 '움직이는 말' 실험은 뤼미에르 형제의 최초의 영화로 이어졌다.

로써, TAM이 작동할 기초적 언어를 제공한다. 키틀러가 섀넌의 이론을 중시한 이유는 섀넌이 시간적 사건의 불확정성을 정량화함으로써 매체가 수행하는 TAM을 설명할 근본적인 이론적 틀을 제공하기 때문이다.[91] 이렇게 신호와 잡음이 동일한 수준의 코드가 되고 TAM을 통해 물리적 사건이 데이터로 재편성되면 그 결과로 생성된 텍스트는 인간의 해석 능력에 기반한 것이 아니라 기계가 아니면 읽을 수 없는 텍스트, 기계만이 디코딩할 수 있는 것이 된다.

그리고 디지털의 이진법 체계는 이미지와 사운드, 텍스트 등 다양한 형식을 상호 번역할 뿐 아니라 알파벳 시대의 상징 기술적인 경계도 횡단할 수 있게 한다. 컴퓨터는 입출력 데이터를 마이크로초 리듬으로 디지털화된 신호 처리의 수학적 절차에 통합한다는 점에서 기존의 모든 매체를 연결한다. 그렇게 디지털 기술은 새로운 유형의 TAM을 보여준다.

컴퓨터가 읽고 쓰는 것은 사실이지만 그 읽기와 쓰기는 사람에게 보이지 않는 방식으로 이뤄진다. 기술 매체의 작동 논리는 '인간 지각의 시간'이라는 레이더 아래를 통과하는 방식으로 진행되고 그런 식으로 데이터 스트림을 정확히 구조화한다.[92] 그것은 샘플링, 루핑, 편집, 동기화 등 정교한 시간 조작이 가능하다. 우리는

---

91   Kittler(1993b), 165.

92   Kittler(1993b), 180.

디지털 기술의 산물을 '실시간 반응'으로 받아들인다. 하지만 말 그대로의 '실시간 분석'은 존재하지 않는다. 컴퓨터 처리의 모든 단계 역시 아무리 짧더라도 시간이 걸린다. 그 시간이 인간의 감각으로 포착할 수 없는 아주 미세하고 작은 시간 간격이기는 해도 말이다. 따라서 디지털 컴퓨터의 모든 처리는 인간의 지각 영역을 벗어난 방식으로 작동하는 TAM의 산물이라 할 수 있다.

시간 변조와 인간의 지각

이제 TAM이 왜 매체의 중요한 특징이라고 할 수 있는지 분명해진다. 그 개념은 매체가 시간의 연속성을 조각내고 재조합하며 재생산하는 능력을 가리킨다. 매체는 단순히 기록 및 기억의 저장 장치가 아니라 시간을 조정하는 장치라 할 수 있다. 그리고 키틀러는 이런 개념을 통해 전통적인 언어 중심의 기호학에서 벗어나 기술 매체를 실재와 직접 접촉하는 기록 장치로 파악했다. 즉 매체는 의미의 전달자가 아니라 시간과 현실의 흔적을 물질적으로 기록하고 조작하는 기술로 봐야 한다. 또 인간의 기억 및 지각의 단순한 보조물이 아니라 시간 자체를 변형하는 새로운 역사적 조건이 된다.

키틀러의 TAM 개념을 오늘날의 환경과 연결하면, 우리가 매일 사용하는 기술이 그의 논의를 그대로 반영하고 있음을 확인할 수 있다. 예컨대 유튜브나 틱톡 같은 영상 편집은 한 번 촬영한 영상을 잘라내거나 붙이고, 반복하고, 슬로모션 효과를 기입하고, 타임 랩스를 하는 등 다양한 방식으로 조작할 수 있다. 또 그 편집 결과에 자막이나 캡션을 달고 나면 알고리듬이 최종 편집 결과를 추천한다. 그것은 영화가 보여주는 몽타주 기법을 훨씬 개인화하고 자동화하는 방식의 TAM이라 할 수 있다. 음악 역시 마찬가지다. 예컨대 음악가들은 DAW(digital audio workstation)에서 샘플링과 루핑, 템포 조정, 피치 시프팅 등을 통해 기존 소리의 시간적 구조를 완전히 새롭게, 다양한 방식으로 재편할 수 있다. 또 스테이블 오디오(Stable Audio) 같은 인공지능 프로그램은 방대한 데이터 셋을 학습해, 과거의 리듬이나 악절의 패턴을 재조합하는 식으로 새로운 곡을 거의 즉각적으로 만들 수 있다. 그것은 축음기의 물리적인 홈에 소리가 저장되던 수준에서 데이터 연산으로 시간의 축을 자유롭게 다루는 단계로 진화했다고 볼 수 있다. 또 텔레비전의 라이브 방송이 아주 미세하게 지연된 실시간 영상을 보여주었다면 오늘날의 라이브 스트리밍은 그 디지털 버전을 구현한다고 말할 수 있다. 방송은 물론 지난 코로나19 시기에 일반화됐던 온라인 수업이나 화상 미팅 등은 약간의 버퍼링을 두고 지연된 실시간 영상을 제공한다. 사용자는 '지금 일어나는 일'을 보고 있다고 느끼지만 실제로는 서버가 패킷을 정렬하고 약간의 시간차를 조정한 다음 송출한다. 즉 우리가 다양한 시간적 흐름으로 경험하는 모든 콘텐츠는 사실 매체의 시간축 관리하에 경험되는 것이다.

매체의 다양한 TAM, 즉 슬로모션과 타임 랩스, 프레임 편집,

스트리밍 지연, 샘플링, 합성 등은 단지 기록하는 다양한 방식에 머물지 않고 인간의 지각 및 기억이 시간과 사건을 경험하는 방식 자체를 바꾼다. 예컨대 슬로모션은 우리의 눈이 직접 포착하기 어려운 미묘한 표정 변화나 움직임의 변위 등을 과장해 보여준다. 또 타임 랩스는 느린 변화를 압축해 보여줌으로써 그 리듬을 새로운 방식으로 경험하게 한다. 따라서 이런 기술을 통해 매체는 시간의 미시적이고 거시적인 단위를 우리의 지각, 더 나아가 의식 영역으로 끌어들인다.

또 영화의 컷이나 편집, 디지털 영상 편집 등은 경험을 자연스러운 흐름이 아니라 분절과 반복된 배열의 덩어리로 지각하게 한다. 즉 시간을 구조화하고 해체한다. 이는 헬름홀츠가 말한 지각의 무의식적 추론, 즉 지각이 입력을 조직화해 의미를 부여하는 과정의 전제를 매체가 바꿀 수 있음을 뜻한다. 이제 사건은 어떤 시간적 흐름이 아니라 편집된 데이터로 느껴지게 될 것이다. 이처럼 기술은 현실의 시간을 그대로 복제하지 않고 조작된 시간 층을 덧붙인다. 그리하여 '지금 여기'라는 일회적이고 불변적인 시간 및 사건을 언제든 다시 반복해 재생하고 조작할 수 있는 데이터로 만들고 그렇게 현재와 과거가 뒤섞이는 경험을 제공한다.

그렇다면 인간의 지각은 단지 그런 다양한 기술적 효과를 수동적으로 받아들이기만 할까. 당연히 그렇지 않다. 헬름홀츠와 키틀러는 광학적 장치들에 대해 인간 지각을 기만한다고 말하며 그런 장치들이 인간 지각의 복잡한 메커니즘을 그대로 반영하는 대신 일종의 눈속임 효과를 낸다고 지적한다. 앞서 살폈듯이 현대의 알고리듬 기반 미디어는 지각을 단순히 보조하는 데 그치지 않고 새로운 시간적 구조를 생성해 인간의 감각 지각의 방식을 재교육한다. 그런 매체의 TAM은 인간이 시간을 해석하고 경험하는 틀을 변경하고 시간과 기억, 현실의 경계를 새롭게 구성한다. 그렇게 언뜻 보면 TAM은 매체가 시간을 조정하고 인간은 이를 받아들이는 구조로 여겨지지만, 사실상 인간의 지각은 그 안에서 능동적인 구성과 해석을 수행하고 있다. 물론 슬로모션과 타임 랩스 등 기술은 인간 지각의 물리적 한계를 보여준다. 초당 수천 프레임을 촬영한 영상의 경우 당연히 인간 지각의 속도를 초과한다. 그때 인간은 주어진 영상의 리듬을 따르게 되고 사건의 순서를 매체가 설정하는 대로 경험한다. 하지만 동시에 매체가 제공하는 데이터는 해석을 요구하는 자료이기도 해서 인간은 매체가 바꾸는 시간 구조를 조합하거나 비교, 예측하며 자신만의 경험을 재구성한다.

TAM은 지각에 외부 자극을 제공하는 장치에 종속된 수동적 과정이 아니라 새로운 시간적 조건 속에서 스스로 조직하는 장을 마련한다. 매체가 시간을 기록하고 조정하는 기계라면 그 기계가 생산한 데이터의 의미를 해석하고 실험하는 주체는 여전히 인간이다. 물론 그 인간이 할 수 있는 일의 영역과 종류는 점점 기술로 대체되는 과정을 겪기는 한다. 그러나 그렇기 때문에 기술적 조건 하에서 인간이 해야 하는 일과 할 수 있는 일이 무엇인가를 지속적으로 사유할 필요가 생긴다. 키틀러는 인간의 지각을 매체로 보지 않으나 그 지각의 산물은 매체의 대상으로 본다. 따라서 그에게서 매체와 지각은 엄격히 분리되나 그 관계는 상호적일 수밖에 없다. 기술이 제시하는 시간의 프레임 속에서 인간의 지각이 어떻게 창조적으로 반응하는가를 탐구하는 것 역시 그래서 중요하다.

도플갱어, 기술과 지각의 관계

기술과 지각의 관계에 대해선 다양한 관점에서 논의를 전개할 수 있다. 여기에선 주력 매체 기술의 특징이 당대의 지각에 대한 이해에 어떤 영향을 미치는지 알아보기 위해 키틀러가 분석하는 두(1800·1900) 기록시스템에서 나타나는 '도플갱어 현상'을 비교해보려 한다. 먼저 낭만주의 시대의 도플갱어 현상은 어떠했을지 알아보자.

1828년 겨울밤, 한 이름 없는 낭만주의 시인이 시의 '정신(유령)'을 만났다. E. T. A. 호프만의 술친구이기도 했던 샤미소는 친한 시인들과 함께 밤늦게까지 술을 마셨다. 이후 지친 술꾼은 도시의 거리를 걸어 집으로 돌아갔다. 그의 고독한 발걸음의 메아리가 뒤따른다. 그런데 집 앞에 도착해보니 작업실에 불이 켜져 있다. 그는 공포에 얼어붙어 한참을 문 앞에서 망설였다. 잠시 후 용감하게 문을 열고 들어간 그는 방안에서 그것을 보았다. 자신의 도플갱어를. 자신이 시를 쓰는 책상에 앉아 있던 도플갱어에게 샤미소는 물었다. "너는 누구냐?" 그런데 답변 대신 예상치 못한 질문이 돌아왔다. "이 영혼의 시간(Geisterstunden)에 나를 방해하는 당신은 누구인가?" 샤미소는 시인이라고는 하지만 저녁 내내 친구들과 술을 마셨고, 도플갱어는 그 시간 동안 책상에서 책을 읽거나 쓰고 있었다. 어쩌면 글을 쓰던 도플갱어에게 술꾼 샤미소야말로 유령처럼 보였을 것이다. 이제 누가 진짜 샤미소인가, 누가 진짜 시인인가. 샤미소는 "나는 아름답고 선하며 진실한 것만을 갈망하는 사람"이라고 항변하는데, 도플갱어는 "나는 비겁하고 악독하며 가련한 자"라고 받아친다. 도플갱어야말로 진정한 샤미소라 중얼거리며 베를린 밤거리로 다시 나간 샤미소는 눈물을 흘린다. 이 기묘한 이야기는 낭만주의 시대 작가였던 아델베르트 폰 샤미소 Adelbert von Chamisso의 작품 『페터 슐레밀의 기이한 이야기』(1814)에 나오는 일부분이다.

이 작품만이 아니라 낭만주의 시대의 문학 작품엔 도플갱어가 자주 등장한다. 모파상 역시 『오를라』(1887)와 같은 작품에서 도플갱어를 묘사하는데, 일기를 쓰던 주인공이 점차 자신이 아닌 또 다른 존재가 그 일기를 쓰게 한다는 사실을 깨달으며 광기에 빠진다. 모파상 스스로가 겪은 환상 같은 일화도 있다. 서재에서 글을 쓰던 그는 하인에게 누구도 방에 들어오지 못하도록 지시를 내렸다. 하지만 누군가가 들어오는 것 같아 문 쪽을 보니 자기 자신이 들어오고 있었다. 깜짝 놀란 그의 맞은편에 앉은 도플갱어는 손에 머리를 기대고 있었다. 그리고 모파상이 쓰는 모든 것이 그에게 구술됐다. 작가가 작품을 끝내고 일어났을 때 그 환영은 사라져버린다.

이처럼 1800년경 문학에서 도플갱어 현상은 꽤 자주 다뤄지는데 흥미로운 것은 그 작품들에서 도플갱어가 나타나는 장소가 하나같이 책상 앞이나 서재라는 점이다.

그렇다면 1900년대 초반 문학에서 도플갱어 현상은 어떻게 나타나고 있을까. 먼저 키틀러는『축음기, 영화, 타자기』의 '영화' 부분에서 도플갱어 현상을 영화적 특징 자체로 다루고 있다. 그는 여기서 '도플갱어'를 다루는 문학 작품 몇 편을 언급하는데 먼저 아르놀트 브로넨Arnolt Bronnen의 소설『영화와 인생: 바르바라 라 마르』(1927)가 있다. 작품의 여주인공은 할리우드 진출을 꿈꾸는 배우 초년생이다. 하지만 자신의 오디션 촬영본이 스크린에 투사되자 경악한다. 자신을 스크린에서 처음 본 그녀는 너무도 낯설고 추악해 알아볼 수도 없는 자신의 모습에 놀란 것이다. 나보코프의 소설에 나오는 한 주인공도 마찬가지다. 그는 여자친구와 극장에 갔다가 스크린에서 예기치 못하게 자신의 도플갱어를 보게 된다. 사실은 몇 달 전 단역으로 출연했던 자신의 모습을 영화에서 보게 된 것이다. 그 역시 자신의 모습을 보며 부끄러움과 삶에서 도주해 사라지는 듯한 느낌을 받는다. 키틀러가 언급하는 1900년대 초반 문학은 영화가 나온 지 얼마 되지 않았을 때의 작품들이다. 영화로 인해 인간의 모습이 처음으로 상징적 베일에 가려지지 않은 채 날것으로 화면에 나타나 걷고, 말하고, 웃고, 운다. 라캉적 '거울상', 즉 자기 자신에 대한 일종의 이상적 이미지가 파괴돼버린 것이다.

셀룰로이드 위에서는 모든 행동들이 더 어리석게 보이고, 후두
에서 귀로 이어지는 골격적 음성 전송을 우회한 테이프 위 목소리
에는 어떤 음색도 느껴지지 않으며 "모호하게 범죄적인 얼굴"이
나타나는 증명사진 위에서는, "셔터라는 단두대가 떨어짐과 동시
에 정권의 카메라가 영혼을 강탈해간다." 이 모든 것은 매체가 거
짓말을 해서가 아니라, 오히려 그들의 흔적 보존이 거울 단계를 무
력하게 만들어버리기 때문이다.[93]

문자는 특정 인물을 아무리 자세히 묘사해도 결코 실제 사람의
모습을 보여줄 수 없다. 개인적인 일반성 이상을 갈 수가 없다. 바
로 그 점이 낭만주의 시대에 독자들에게 문학적 도플갱어가 나타
나게 된 근본적 이유일 것이다. 즉 괴테와 노발리스, 샤미소, 뮈세,
모파상 등의 작품에 등장하는 도플갱어들은 독자가 소설 속 등장
인물과의 동일시가 얼마든지 가능했던 시대의 산물이다. 독자들은
실감 나게 표현돼 있지만 사실은 모호한 등장인물에게 쉽게 감정
이입하고 자신을 대입하며 글을 읽는다. 따라서 그들이 바로 등장
인물의 도플갱어였던 셈이다.

낭만주의 시대의 도플갱어가 책상 앞에서 출현했던 이유 역시
그 때문이다. 그것은 "낭만주의의 독자들이 (…) 인쇄된 행간에서

---

93   Kittler(1986/2019), 276.

뤼미에르 형제가 사용한 시네마토그래프(필름 카메라와 영사기, 인화기를 겸한 장치).
뤼미에르 연구소 소장. 먼저 제작된 에디슨의 키네토스코프가 1초에 40~46프레임으로 움직인 것과 달리
시네마토그래프는 1초에 16프레임을 채택해 좀 더 현재 표준에 가까웠다. **사진** Victorgrigas

필름 카메라의 종단면. 사진 dreamstime.com

환상적으로 불러냈던 도플갱어"[94]였던 것이다. 더 나아가 당시의 도플갱어 현상은 낭만주의라는 시대, 즉 책이 유일한 기록 매체이고 문학이 최고의 예술이던 시대, 그리고 문맹률이 엄청나게 낮아져 독자층이 크게 늘면서 책이 폭발적으로 증식되던 시대에 느꼈을 무의식적인 감각과 기묘한 감정에 대한 표상이라고 말할 수 있다.

그렇다면 영화가 등장한 뒤 도플갱어의 출현 장소는 어떻게 바뀌었을까. 먼저 대중교통이다. 1886년 인지이론가이자 물리학자였던 에른스트 마흐Ernst Mach는 버스를 타고 가다 어떤 낯선 이를 보고 "정말 초라하게 생긴 학교 선생님이 차에 탔구나"라고 생각했다. 마흐가 그 낯선 남자가 바로 자신임을 깨닫게 되기까지는 잠깐이지만 시간이 필요했다. 프로이트 역시 마찬가지다. 그는 1919년에 침대차 객실에 혼자 앉아 있었는데 기차가 심하게 덜컹거리다 화장실로 향하는 문이 열려버렸다. 순간 잠옷 차림의 중년 신사가 방으로 들어왔다. 프로이트는 그 신사가 방을 잘못 찾아왔다고 생각해 이를 일러주려고 자리에서 일어나는데, 잠시 후에 그 침입자가 화장실 연결문에 달린 거울에 비친 자신의 모습임을 깨닫는다. 그는 마흐와 마찬가지로 자신임을 깨닫기 전의 도플갱어를 영 마음에 들어하지 않았다.

그래도 수많은 사례를 모은다 해도 그 시대에 도플갱어가 출현하는 가장 중요한 자리는 역시 영화의 스크린이다. 앞서 브로넨의

---

94   Kittler(1986/2019), 281.

소설에서처럼 초창기 영화배우들은 자신의 모습을 직접 보는 경험이 부족했다. 대부분 연극배우 출신이던 초기 영화배우들은 스크린에 비친 자신의 모습이 불러일으키는 언캐니(uncanny)한 감정에 익숙해져야만 했다.

또 영화는 그 자체로 도플갱어적 장치다. 간단한 트릭으로도 한 배우를 스크린에 두 번 나타나게 할 수 있는 영화는 초기에 그 기술적 특징을 마음껏 활용했다. 특히 독일 표현주의 영화들은 그 자체가 초기 영화사를 이루고 있다. 로베르트 비네의 '칼리가리 박사의 밀실'(1920)은 1인 2역을 통해 관객들이 영화 속 배우가 장돌뱅이 살인자인지 권위 있는 정신병원의 원장인지 알 수 없게 만든다. 배우의 외모만으로는 둘을 절대 구별할 수 없기 때문이다. 파울 베게너 주연의 '프라하의 학생'(1913)은 문학에서 오랫동안 활용해온 장치, 즉 악마와의 계약을 맺은 자가 어떻게 파멸을 맞이하는가를 도플갱어 효과를 통해 구현한다. 자신의 영혼을 걸고 계약서를 쓴 주인공 발두인은 자신과 똑같은 거울상이 실제 인간이 되어 자신 앞에 나타나는 경험을 하게 된다. 도플갱어의 방해를 계속 받던 그는 권총으로 자신의 거울상을 쏘지만 그 존재와 분신으로 엮여 있었기 때문에 자신도 죽게 된다. 그 외에도 게르하르트 하우프트만의 '유령', 린다우의 '타자', 베게너의 '골렘' 등 당시 독일 영화는 도플갱어의 붐이었다.[95] 그 영화들은 문자로 묘사되거나 초상화로 재

---

95   Kittler(1986/2019), 284.

영화 '프라하의 학생(1913)에서 주인공 발두인이 자신의 도플갱어를 마주치는 장면.

현됐던 것과는 전혀 다른, 실재의 소리와 영상을 포착하는 기술 매체의 시대에 사람들이 느꼈던 언캐니함을 의식적으로 혹은 무의식적으로 다루고 있다. 이는 에른스트 마흐나 프로이트가 대중교통 수단 속 거울에서 얼핏 본 자신의 모습에서 느낀 기묘한 감정을 관람객들로 하여금 영화 내내 경험하게끔 한다.

카메라의 시선은 책이 보여주는 묘사와는 전혀 다르다. 그것은 어떠한 미화도 없이 사람들의 모습을 있는 그대로 보여준다. 또 영화의 등장이 사람들을 매혹했던 그 당시는 사회가 빠르게 근대화되는 시기로, 교통과 통신의 발달을 토대로 수백만 명의 사람들이 사는 대도시가 등장하고 똑같은 상품들이 수없이 복제되어 진열돼 있는 쇼핑센터가 출현하던 때였다. 이동과 속도, 기계적 재현이라는 새로운 조건 속에서 자아의 분열도 외부화됐던 것이다. 내밀한 서재나 고요한 책상 앞이 아니라 기차 창밖으로 스쳐 지나가는 누군가의 모습에서, 영화에서 맞닥뜨린 스크린 위 배우들의 움직임 속에서 내 분신이 나타난다. 이처럼 도플갱어는 19세기엔 문학적 분신으로, 20세기엔 기술적 복제로 각각의 지각 환경과 매체 기술적 조건 속에서 나타나는 현상이라 할 수 있다. 즉 매체 기술의 특징이 제도와 담론뿐 아니라 우리 의식 구조 혹은 무의식에 영향을 미치는 숨겨진 지층의 역할을 하는 셈이다.

그렇다면 지금 현재의 기술적 조건에서 나타나는 도플갱어 현상은 어떻게 생각할 수 있을까. 그것은 들뢰즈와 가타리가 말하는 '분체(dividual)' 개념과 연관 지을 수 있을 것이다. 들뢰즈는 근대사회가 상정하고 있는, 경계가 분명한 단일 주체인 개인(individual)과 달리 데이터의 흐름이나 기능, 코드 등으로 쪼개진 현대의 주체를 분체라 칭한다. 즉 개인이 더 이상 나누어질 수 없는(in-dividual) 전체로서의 존재라면 분체는 다양한 연산 가능 단위로 분리되는 존재다. 분체를 이해하기 쉬운 예로 인터넷 ID가 있다. 우리가 각각의 사이트에서 만드는 그 다양한 ID가 모두 나라고 할 수 있다. 또 디지털화된 현대사회에서 개인은 신용카드 번호와 위치 좌표, 생체인식 값처럼 정보 단위로 재현된다. 내 프로필은 알고리듬이나 시장 논리에 따라 계속 갱신되고, 이제 내 정체성은 고정된 실체가 아니라 여러 데이터베이스와 코드의 상호작용으로 발생한다. 이에 따라 각종 인터넷 플랫폼은 이용자의 행위나 취향, 관심 등을 쪼개 '프로필 조각'으로 저장하고 이를 광고나 추천, 신용 평가 등에 활용한다. 따라서 현대의 주체는 다양한 조각이 실시간으로 조합, 배치되는 '데이터 분신'으로 존재한다고 볼 수 있다.

이처럼 도플갱어 현상에 대한 분석을 통해 기술과 우리 지각의 상관관계를 계보학적으로 이해할 수 있다. 키틀러는 인간의 지각에 대해 매체의 바깥에 존재한다고 말하지만 바로 그렇기 때문에 지각과 매체는 여러 방식으로, 그러나 불가분의 관계로 상호작용을 하게 된다.

5장

문자 매체의 계보학

“인간에게 남아 있는 것은 매체가 저장하고 유통시킬 수 있는 것뿐이다.”[96] 우리는 역사 속에서 많은 매체 기술들을 생산해왔을 뿐 아니라 그 생산물인 기술의 영향을 받으며 문화를 구축해왔다. 또 새로운 매체가 등장할 때마다 기존의 문화적 지형이 어떻게 변하고 새로운 양상으로 형성돼가는지 경험하며 살아간다.

디지털 기술이 매체 간 문턱을 없앴다고 할 때 그 특징은 이전에 구축돼온 여러 분야의 제도와 기관은 물론 우리 일상적 삶의 방식까지도 ‘디지털화’라는 이름으로 변화시킨다. 매체 간 경계가 사라지는 상호 호환성으로 인해 정보 교류의 속도는 이전과는 비교도 할 수 없을 정도로 빨라지고 그런 변화는 당연히 문화의 지형에도 영향을 미친다. 한때 ‘매체 융합’에 대한 학계의 관심이 높았던 것은 1990년대 중반부터 본격화된 디지털화가 가져온 변화를 논의

---

96   Kittler(1986/2019), 10.

하는 데 그 개념이 효율적이었기 때문이다.

그런데 또 생각해봐야 하는 문제는 새로운 매체가 등장한다고 해서 기존 매체들이 완전히 사라지는 것은 아니라는 점이다. 디지털 매체가 등장한 이후에도 우리는 사진, 영화, 텔레비전, 라디오 같은 기존 매체들을 함께 사용하고 있다. 물론 그 매체들은 디지털 사진, 디지털 영화, 디지털 TV, 디지털 라디오 등으로 변화하기는 했다. 그래도 그 매체들의 개별성이 모두 사라지거나 하나로 합쳐진 것은 아니다. 새로운 환경 속에서 변화에 적응하며 그 매체만의 독자성을 유지하고 있다.

그렇다면 가장 오래된 매체라 할 수 있는 문자는 어떤가. 문자는 영화나 축음기 같은 아날로그 매체가 등장하기 전에는 가장 위력적이고 광범위하게 사용된 매체였고 아날로그 시대를 거쳐 디지털 매체 시대에 이른 오늘날에도 여전히 중요한 매체로 여겨진다. 사진과 영화, 텔레비전, 라디오 등이 변화했듯이 문자 역시 여러 단계의 기술적 변화를 겪으며 변모해왔을 것이다. 그렇다면 문자는 구체적으로 어떤 모습으로 변모해왔을까. 그리고 현재의 매체 환경에서 어떤 특성과 위상을 지녔다고 볼 수 있을까.

본래 문자는 매체로 인식되지도 않았다. 지식 및 정보를 구축하고 전달할 때 마치 공기나 물처럼 당연한 것으로 여겨졌기 때문이다. 그러다 영화나 텔레비전 등이 등장해 현대적인 '매체' 개념이 수립되면서 그것이 문자에도 소급 적용되어 문자 매체에 대한 연구가 본격적으로 이뤄졌다. 특히 해럴드 이니스Harold Innis를 필두로 한 캐나다 학파의 이론가들이 문자에 대한 이론을 다양하게 구축하고 있다. 그중 가장 잘 알려진 인물이 마셜 매클루언으로 그는 인쇄술의 도래로 탄생한 '책 문화권'을 '구텐베르크 은하계'라 지칭한다. 또 『구텐베르크 은하계』(1962)와 『미디어의 이해』(1964) 등 저술에서 책 시대의 문화와 라디오 및 텔레비전이 등장한 전기 매체 시대의 문화를 비교한다. 또 다른 캐나다 학파 이론가인 월터 옹Walter Ong 역시 구술문화와 문자문화를 비교하며 각 문화 속 사람들이 언어적 표현은 물론 사고방식과 사유 구조까지도 큰 차이를 보이고 있음을 상세히 설명한다. 이들은 문자-인쇄술이라는 매체 기술과의 관계에서 수립된 문화에 대해 "시각 중심적이며 이성과 논리 중심적인 특징을 지닌 일양적이고 선형적인 것"이라는 공통의 평가를 내리고 있다.[97]

키틀러 역시 문자 매체에 대해 다양한 분석을 하고 있다. 그는 축음기와 영화 같은 아날로그 매체에 대한 연구에서 새로운 지평을 연 이론가로 알려져 있으나 학문적 경력이 독문학과 문헌학에서 시작된다는 점, 스스로 문학에 대한 이해와 문학 연구 방법론에 새로운 변화를 가져오고자 한다는 의도를 여러 번 피력한 점을 생각한다면 문학 및 문자 매체에 대한 연구는 그의 이론에서 뺄 수 없는 지점이라 할 수 있다.

키틀러는 기술 매체의 시대에도 문자와 책의 중요성은 여전함

---

97   McLuhan(1964/2002), 133-142; Ong(1982/2009), 76-77.

을 잘 알고 있다. 특히 새로운 기술 매체가 등장한 뒤 문자보다 이미지와 영상의 중요성이 강조되는 현상을 반박하며 책은 한계에 다다른 낡은 매체가 아니라고 주장한다.

영화, 텔레비전, 컴퓨터 그래픽, 가상 현실 등이 영상을 더욱 빠른 속도로 움직이게 만든 이후, 미디어 이론들은 당혹스러울 정도로 환희에 찬 폭발을 보여왔다. 글, 특히 책은 시대에 뒤떨어졌다고 여겨지는 반면, 그 어느 때보다 강력하고 통합적인 이미지는 옛 권리를 되찾을 태세를 갖추고 있다. 그러나 나는 이런 열정과 진단에 반박하고자 한다. 책은 단순히 한계에 다다른 것이 아니다. 오히려 자신의 기술적 대체를 촉진할 힘을 가진 뛰어난 매체였다. 또 그 특별한 힘 그리고 유럽의 정치적 힘의 상당한 근원이 될 수 있었던 것은 그저 인쇄된 단어에서 비롯된 것이 아니라, 단어와 인쇄된 이미지를 연결하는 기술적으로 정교한 미디어 링크에서 비롯됐다.[98]

책은 문자를 포함해 이미지를 비롯한 여러 구성 요소로 이뤄진다. 문자 매체는 이미지나 도상, 음향 등 이질적 매체와의 결합을 통해 새로운 의미 작용을 생성할 수 있는 유연성을 지닌다. 그렇다면 오늘날 문자의 현주소는 어디일까. 이에 답하기 위해 문자 매체의 계보학적 과정을 구축해보고자 한다.

---

98   Kittler(2002), 37.

인쇄술의 등장: 지식의 표준화와 대중화

매클루언은 인쇄술의 등장으로 세계를 지배하게 되는 경향을 '텍스트의 선형성'으로 규정한다. 텍스트의 선형성은 합리적이고 이성적이며 정서적 개입 없이 행동하는 인간을 가능하게 하는 '구텐베르크 은하계'를 창조했다.

아마도 인쇄가 인간에게 부여한 선물 중에서 가장 중요한 것은 거리 두기와 비관여성일 것이다. 이는 곧 반응 없이 행동하는 힘을 인간에게 부여했다. (…) 인쇄는 지난 5백 년 동안 모든 국민의 예술과 학문에 스며들었다. 연속성, 일양성, 반복성 등의 원리가 공업, 생산, 오락, 과학의 기초인 것과 마찬가지로 계산과 마케팅의 기초가 되는 과정을 실증해 보이는 일은 그리 어렵지 않다.[99]

따라서 책 문화권에서 살아가는 '구텐베르크 은하계의 인간'은 이미지적 사유, 신화적 사유를 보여주는 이전 문화권의 사람들과 분명히 구별된다. 또 인쇄 문화의 기본적 특징은 균질성과 획일성, 반복성이다. 매클루언은 그 특징들을 똑같은 책이 대량 생산된다는 점과 이런 대량생산을 위해 책의 구성이 균일화되고 획일화된다는 점에서 찾고 있다. 그런 책의 특징은 책에 집중하며 자신의 세계를 구축하는 근대적 인간을 형성한다. 이들은 기계적 복제와

99　McLuhan(1964/2002), 247, 253.

원근법, 연대기적 서사, 산문의 통일적 어조, 뉴턴의 물리학, 개인주의, 자유시장경제, 민족주의 국가까지도 가능하게 했다.

매클루언은 인간이 다섯 가지 감각을 통해 외부 세계를 지각하고 그 과정에서 감각들끼리 상호작용하는 것은 자연스러운 현상이라고 봤다. 따라서 시각이라는 단일 감각에 지나치게 집중하는 책 문화를 비판적으로 바라본다. 반면 전신과 라디오, 영화, 전화, 텔레비전 등이 등장하는 전기 시대에 대해선 다시금 청각과 촉각이 중요성을 얻게 되는 회복의 시대로 본다. 기계화(인쇄)와 대조를 이루는 전기 시대는 지각들이 상호 접속함으로써 새로운 방식의 소통이 가능해지고 글로벌한 의식과 지능의 집단적 결합을 만들어내는 문화다. 고립이 아니라 결합과 접촉을 통한 새로운 집단성이 가능해진다는 것이다. 전기 시대를 '지구촌'이라 부르는 매클루언의 주장은 이렇게 가능해진다. 다시 말해 그의 주장엔 이미지와 대조되는 '문자'의 특징과 그 영향력에 대한 통찰이 들어 있다. 플루서Vilém Flusser 역시 마찬가지다. 그는 3차원의 공간과 시간으로 이뤄진 4차원의 실제 시공간을 추상화하고 인코딩한 것이 2차원의 이미지이고 그것을 한 단계 더 추상화하고 인코딩한 것이 1차원의 선형 문자라고 본다.[100]

그러나 키틀러는 문자와 이미지 간 차이와 대립을 강조하는 이런 견해에 반대한다.

---

[100]　Flusser(1994/2005), 4-6.

매클루언과 플루서 같은 이론가들은 문자와 그림을 절대적으로 구분하는데, 이는 기하학적 용어로 표현됐다. 즉 인쇄된 책의 1차 원성은 그림의 환원 불가능한 2차원성과 분명히 대조된다. (…) 그러나 이는 (…) 단순한 사실을 간과하고 있다. 성경부터 전화번호부에 이르기까지 가장 널리 사용된 책들은 결코 선형적으로 읽히지 않는다. 그럴 만한 이유가 있다. 구텐베르크 이후 인쇄된 문자열들은 책의 페이지들처럼 선형적이었지만 12세기 이후의 스콜라 시대만큼이나 2차원적이다. 모든 단락, 절, 각주, 제목은 그림과 전혀 다를 바 없는 2차원적 표면에 배치된다.[101]

책은 이미지 없는 문자만의 세계가 아니다. 문자만으로 구성된 페이지조차도 다양한 그래픽성을 보여준다. 중세 필사본의 각 페이지는 아름답고 화려한 서체뿐 아니라 여백에 그려진 수많은 장식과 그림들, 제목, 문단, 각주 등으로 이뤄진 역동적 구성을 보여준다. 따라서 책이 보여주는 것은 1차원이 아니라 그래픽적 2차원성이라 할 수 있다. 또 구텐베르크 성서를 보면 알 수 있듯이 초기 인쇄본 역시 그 서체나 페이지 레이아웃 등이 필사본 책들과 큰 차이가 없다. 따라서 구텐베르크의 새로운 기술은 책의 대량생산을 염두에 두고 설계된 것이 아니라 수작업으로 제작된 필사본들

101　Kittler(2002), 37-38.

의 색채나 디자인적인 아름다움을 손상하지 않고 기계적으로 제작하기 위해 만들어졌다고 할 수 있다. 즉 인쇄기의 기원은 회화적이었다.

그렇다면 인쇄술의 등장은 어떤 변화를 가져왔을까. 가장 중요한 변화는 낱글자로 흩어져 있다가 필요에 따라 조합되는 '유동적인 활자들'의 출현에서 찾을 수 있다. 각 활자는 좌우, 위아래에 있는 이웃 활자와의 관계에 따라 배치됐다. 이처럼 활자들의 조립을 통해 공간을 구성함으로써 이뤄지는 인쇄본은 활자에 자신의 위치값을 부여하고 다른 활자들과의 공간적 관계를 통해 의미를 구성한다. 키틀러는 이런 특성을 인쇄기하학이라 표현하기도 한다. 그리고 빈 공간을 어떤 글자로든 대체할 수 있게 되면서 문자는 온전한 상징 체계가 됐다. 또 납으로 만들어진 활자 중에는 a나 e처럼 많이 사용되는 문자들이 있는가 하면 x나 y처럼 사용 빈도수가 낮은 문자들이 있다. 따라서 식자공들의 상자 속엔 많이 사용되는 활자가 훨씬 많게 마련이었고, 이제 글쓰기는 그 요소들의 조합론으로 바뀌게 된다.

제한된 개수의 개별 요소들이 조합을 이뤄 의미를 형성하는 상징 체계로의 전환은 문자 매체 자체는 물론 그에 기반한 지식 세계 전반에 큰 변화를 가져왔다. 먼저 책의 규격화와 그로 인한 지식의 대중화를 들 수 있다. 당시 유럽에선 중세 전성기에 구축됐던 대학의 필사실이 지식 산실의 역할을 하고 있었다. 필사실에선 "교수들의 강의가 기록되고 수고본들이 필사됐을 뿐 아니라 자체

전송 시스템도 갖추고 있었다."[102] 그런데 수고본은 애초에 완전한
규격화가 불가능했다. 같은 내용이라도 필사본마다 페이지 번호
와 각주 위치, 이미지 위치 등이 조금씩 다를 수밖에 없고 인용 표
시를 하기도 어렵다. 그 때문에 해당 장의 부제를 적거나 부제 번
호를 쓰기도 하고 문제의 대목이 나온 단락을 적어야 할 때도 있
었다. 그런 이유로 필사본은 작은 단락으로 텍스트를 구분했다. 또
양피지와 종이 자체가 귀했기에 자간이 좁고 약어도 많았으며 행
간 간격도 거의 없었다.[103] 구텐베르크 인쇄술은 이런 중세 대학의
손글씨를 산업화했다. 그러면서 대학을 중심으로 한 지식사회에도
큰 변화가 일어나게 된다.

인쇄술을 통한 글쓰기의 규격화 작업은 아라비아숫자의 도래
에서 비롯된 영향으로 볼 수 있다.[104] 서구 중세 시대에 인도-아랍
으로부터 숫자 0이 도입됐다. 이후 숫자들이 계열을 형성하게 되
고 이는 모든 개별 숫자들에게 자신의 자리, 즉 위치값을 갖게 했
다. 이런 상황은 인쇄 활자에도 그대로 적용됐다. 그간 수작업으로
이뤄지던 글쓰기의 규격화는 이처럼 문자의 '수학화 과정'을 통해
가능해졌다.

인쇄된 책이 가져온 또 한 가지 중요한 변화는 이미지와의 결
합 과정에서 찾을 수 있다. 책에 실리는 수많은 이미지들, 즉 도판

---

102   Kittler(2006a), 177.

103   Febvre & Martin(1958/2014), 155.

104   Kittler(2006b), 57.

들은 새로운 지식사회를 좀 더 효과적으로 구축할 수 있게 했다. 2천 년 넘게 서구인들과 아랍인들에게 기하학의 공리를 가르쳐 온 유클리드의『기하학 원론』의 경우, 1482년 인쇄본으로 제작되면서 완전히 다른 책이 된다. 필사본에도 도형들이 그려져 있지만 거기에는 특정한 규격이나 통일된 표현 규칙이 없었다. 그러나 인쇄본으로 제작되면서 그러한 규칙이 형성된다. 예컨대 삼각형의 각 꼭지점에 a, b, c라는 명칭을 붙이고 그 명칭이 텍스트에도 그대로 반복적으로 사용되면서 그 삼각형 자체는 물론 각 부분도 지칭할 이름을 갖게 된다. 즉 도형들 자체가 규격화되는 것이다. 현재는 지극히 당연하고 자명해 보이는 현상이지만 과거에는 그렇지 않았다. 또 필사본에선 도형 일부가 빠지거나 틀리는 경우도 있었다. 그러나 "구텐베르크의 개혁으로 어떤 복사본도 원문을 훼손할 수 없을 뿐 아니라 어떤 복사본도 일러스트를 훼손할 수 없게 됐다."[105] 이처럼 인쇄술은 수고본을 단순히 기계적으로 대량 생산하는 기술이 아니었다. 인쇄본으로 제작되기 위해 수고본의 내용이 표준화와 규격화의 과정을 거치는 그 자체가 일종의 지식 혁명이었다.

표준화된 텍스트와 이미지가 함께 실려 있는 책은 독자들에게 더 쉽고 간결하게 내용을 전달했다. 이 사례로는 알베르티Leon Battista Alberti의『회화론』을 들 수 있다.『회화론』은 화가들을 위한 독

---

105   Kittler(2000), 122.

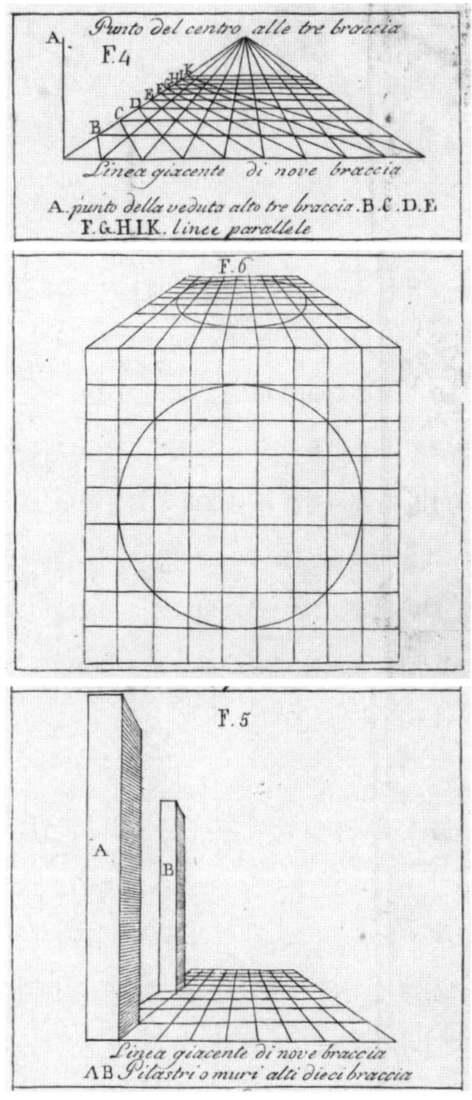

알베르티의 『회화론』(1804년판)에 실려 있는 선원근법 관련 다이어그램. 소실점으로 이어지는 원근법, 원을 타원으로 변형하는 원근법, 기둥을 격자에 원근법으로 나타낸 그림.

학 입문서로 회화를 완성하는 방법을 소개한 일종의 알고리듬적 안내서라 할 수 있다. 그 책에서 알베르티는 투시도법을 설명하기 위해 '상상 속의 창' 개념을 개발하고 그 창을 가로세로로 끈을 엮어 작은 사각형 모양 구멍을 형성한 그물망으로 비유해 제시했다.

> 윤곽선 그리는 문제라면 감쪽같은 비결이 하나 있습니다. (…) 원리는 이렇습니다. (…) 아주 가느다란 여러 가닥의 실로 눈이 촘촘히 짠 그물 망사를 준비해서, 그물 위에 가로와 세로 방향을 따라 일정한 간격을 정한 다음 굵은 실을 질러 모눈을 만들어둡니다. 그 다음 우리의 눈과 재현해야 할 대상의 위치를 잡고, 그 중간 어디쯤에 준비된 그물 망사를 세웁니다. 그러면 시각 피라미드는 그물 망사의 성긴 피막을 투과해 보일 것입니다. (…) 그물 망사에 비치는 이마, 코, 뺨, 턱의 위치를 하나씩 구분하여 화폭이나 벽면 위의 모눈에 대응하도록 옮기면 됩니다.[106]

알베르티는 선원근법에 대해 이처럼 설명하고 있는데 이후 알브레히트 뒤러가 1525년 출간한 『화가의 매뉴얼』에는 그 내용에 이미지가 첨부됐다. 즉 텍스트와 이미지가 결합해 책의 내용이 훨씬 쉽고 명료하게 전달된 것이다. "결과적으로 뒤러의 책은 더 이상 이론이 아니라, 독자가 텍스트와 이미지를 재현하도록 하는 지

---

106   Alberti(1436/2002), 67-68.

히에로니무스 로들러가 1531년 책에서 선원근법을 설명하기 위해 그린 알베르티의 베일(상상의 창).

시문"[107]이 됐다. 그렇게 "인쇄된 그림들은 인쇄된 그림들이 어떻게 만들어지는가를 가르칠 수 있다."[108] 이처럼 기하학적이고 기술적인 도판들이 수많은 책에 동일한 형태로 기록됨으로써 독학이 가능해지고 점차 지식의 대중화가 진행됐다. 따라서 책의 등장은 인공적 글쓰기 기술과 인공적 투시도법 기술의 미디어 연결을 통해 표준화된 지식 보급을 위한 기술적 가능성을 열었다고 할 수 있다. "복제 가능한 책의 존재는 그 자체로 똑같이 복제 가능하고 똑같이 정확한 도판을 요구했다. 이는 독자나 예술 애호가를 즐겁게 하기 위해서가 아니라, 기술적 지식을 저장 가능하고 전송 가능하게 만들기 위해서였다."[109] 이와 같이 숫자처럼 계열화되고 상호 간 위치값에 따라 의미가 형성되는 문자 매체가, 투시도법 같은 수학화된 이미지 제작 규칙과 만나게 되면서 책의 표준이 이뤄졌다. 그 결과는 새로운 지식의 시대였다.

1800년경 문자와 문학: 멀티미디어적 가상성

키틀러는 『기록시스템 1800·1900』의 3판을 낼 당시 진행한 한 인터뷰에서 다음과 같이 밝힌다. "나는 문학과 문학 연구를 글쓰기

107　Kittler(2002), 44.

108　Kittler(2000), 122.

109　Kittler(2002/2011), 106.

기술로 보았던 이 책의 기본적 입장을 크게 바꾸지 않았다."[110] 이처럼 그는 문학을 글쓰기 기술이자 그 산물로 보고 있다.

앞서 살펴보았듯 인쇄술의 발명은 글쓰기 기술에 지식의 표준화와 대중화라는 중요한 혁신을 가져왔다. 그런데 지식의 표준화는 인쇄술의 일반화로 현실이 되지만 진정한 의미의 지식 대중화가 이뤄지려면 시간이 좀 더 필요했다.

1800년경의 기록시스템은 독일 고전-낭만주의 시기에 해당한다. 당시는 문자가 유일한 매체였고 가장 중요한 담론, 예술은 문학이었다. 그런데 키틀러는 이 시대를 인쇄술이 발명된 15세기와 직접 연결하지 않는다. 그 사이 긴 시간이 흘렀고 인쇄술은 이제 새로운 기술이라고 볼 수 없기 때문이다.

키틀러는 기록시스템 1800보다 앞서 존재했던 300여 년의 시기를 '문예공화국'이라 지칭한다. 문예공화국은 인쇄술이 등장해 많은 사람이 고대와 중세의 텍스트를 직접 읽을 수 있었던 시대였다. 인쇄술이 처음 등장했을 때는 당대의 새로운 사상이나 철학, 문학 작품 등이 책으로 나왔다기보다 그 이전 수천 년간 이어져온 고대와 중세의 텍스트 및 수고본들이 인쇄본 형태로 바뀐 수요가 더 많았다. 매클루언 역시 "활자 인쇄가 시작된 처음 2세기 동안을 움직인 동기는 새로운 책들을 읽고 쓰기 위한 것이라기보다는 고

---

110   Griffin & Herrmann(1996), 731.

대와 중세의 책을 보기 위한 것"[111]이라고 말한다.

인쇄술 등장으로 책의 양은 많아졌으나 과거의 텍스트를 읽고 해석하며 주석을 다는 식의 지식 전수와 강의 방식은 크게 달라지지 않았다. 학자들 역시 생각이나 주장을 새롭게 책으로 펴내기보다는 오래된 텍스트를 번역하고 해석하는 작업을 중요하게 생각했다. "구텐베르크의 활자는 여기에 거의 아무런 변화도 가져오지 않았다. 문예공화국은 끝없는 순환이며 생산자도 소비자도 없이 그저 말들을 회전시키는 기록시스템"[112]이었다.

이런 폐쇄적인 기록시스템 내부에서 지식은 여전히 소수의 지식인과 학자, 학생 사이를 순환했다. 그리고 여기에 균열을 낸 존재가 바로 '파우스트'다. 1800년경의 기록시스템에서 파우스트는 자신의 이름을 걸고 글을 쓰는 '근대적 작가'를 표상하며, 과거의 텍스트를 해석하기보다 자신의 새로운 사상 및 문학 세계를 펼치는 인물이다. 파우스트로 표상되는 이 새로운 인물은 독일 고전-낭만주의 시기에 등장한 수많은 작가라고 할 수 있는데 그 대표적인 인물이 바로 괴테였다. 괴테로 대표되는 새로운 시대는 르네상스 인문주의와 종교개혁이 부과한 텍스트 번역과 해석하기에서 벗어나 '저자성이 출현하고' '가상적 감각성이 출현하고' 텍스트에서 텍스트로 순환하는 폐쇄적 접근이 아니라 텍스트를 자연의 번

---

111   McLuhan(1964/2002), 245.

112   Kittler(1985/2015), 13.

역으로 상정하는 '새로운 해석학이 출현하는' 시기라 할 수 있다.

새로운 기록시스템은 문학이 텍스트 이용 방식을 바꾸면서 가능해졌다. 즉 "독일 시문학은 비알파벳 문자에 관한 마법적 탐구로 시작된 것이 아니다. 그것은 문예공화국의 거대한 문서고에 저장된 질료와 텍스트를 버리는 것이 아니라, 문예공화국에서 정한 텍스트 이용 방식을 그만두는 데서 출발한다."[113] 키틀러는 이에 대해 '인간과 기표들을 잇는 접속에 조금이라도 변동이 일어나면 역사의 흐름이 바뀌고 존재가 닻을 내리는 곳이 달라진다'는 라캉의 말을 인용한다.[114]

그렇다면 그 시대의 '접속 변동'은 어떻게 일어나는가. 즉 지식의 표준화는 어떤 과정을 통해 지식의 대중화로 폭발적인 성장을 하게 되는가. 가장 중요한 변화의 계기는 새로운 언어교육 방식의 등장이었다. 이 교육방식은 '읽기'와 '쓰기'를 단계별로 나눈 다음 각 단계를 서로 긴밀히 연결한다. 이는 또한 인쇄술의 주요 효과 중 하나라 할 수 있는 유럽 각국의 '표준어' 수립, 그에 입각한 어린이들 의무교육 등장과 관련이 있다. 1760년 프로이센과 오스트리아 제국은 아동들의 의무교육을 시작하는데 이 시기는 유럽에서 핵가족이 확산되면서 가정 내에서 어머니의 역할이 이전과 달라지는 시점이기도 하다. 도시화에 따른 핵가족 확산은 어머니들

---

113   Kittler(1985/2015), 19.
114   Kittler(1985/2015), 20.

이 과거와 달리 아이의 주 양육자로서의 의무를 지게끔 했다. 그리고 그 의무 중 하나는 아이에게 글 읽는 법을 가르치는 것이었다. 당시 어머니들을 위한 초급 언어 교습법이 다양하게 등장했는데 가장 대표적인 것이 슈테파니Stephani의 '음성학적 방법'이다. 음성학적 방법은 각 알파벳에 정확한 '소리'를 부여하고 각 기호마다 표준적인 '소리'를 내는 방법을 통해 알파벳을 익히도록 했다. 그 변화는 문자들의 "물질적 토대를 혁신한 (…) 유럽 알파벳의 혁명"[115]이었다.

이제 문자를 배우는 아이들은 자신의 시각과 청각을 연동하는데 이로써 알파벳은 일종의 음표가 되고 어머니의 음성은 아이들에게 음표 소리를 알려주는 매개체가 된다. 문자의 소리를 체계적으로 생산하고 순화하는 '어머니의 입'은 "원형적 목소리"[116]가 되어 모든 아이에게 표준화된 소리를 가르친다. 구텐베르크 인쇄술이 문자 매체를 규격화한 것처럼 시각적 기호와 청각적 소리의 결합, 표준화된 소리 생산으로 등장한 새로운 언어 규범은 표준어의 순수성과 보편성을 확립했다. 각기 다를 수밖에 없는 필사본을 기술적 방법으로 통일한 것처럼 각기 다를 수밖에 없는 사람의 음성언어를 "교육학적 방식으로 반복 가능성을 보증하고, 이를 통해 분절된 발음의 구조적인 기록 가능성을 보증"[117]하게 된 것이다.

115　Kittler(1985/2015), 57-58.

116　Kittler(1985/2015), 63.

117　Kittler(1985/2015), 66.

이렇게 읽기 교육을 마친 아이는 다음 단계로 쓰기 교육을 받게 되는데, 이제 아이는 문자를 시각적 기호로 보는 것이 아니라 거기서 소리, 즉 글을 읽어주던 어머니의 음성을 들을 수 있었다. 즉 읽기와 쓰기가 '듣기'를 통해 하나로 결합되는 것이다. 따라서 당시의 쓰기 교육은 문자의 물질성에서 벗어나는 것을 목적으로 했다고 말할 수 있다. 기호를 보면서도 기호를 보지 않아야 하는 이런 상황은 어머니의 목소리가 '원형적 소리'를 형성했듯 '원형적 글'의 등장을 통해 이뤄진다.

이런 새로운 글쓰기 기술의 효과는 당대의 문학 작품들에서 나타난다. 키틀러가 중요하게 분석하는 E. T. A. 호프만의 『황금항아리』는 1800년경 기록시스템의 기제를 잘 보여준다. 소설의 주인공 안젤무스는 린트호르스트의 도서관에 필경사로 고용되어 일하게 되는데, 어느 날 그가 맡게 된 텍스트는 전혀 읽지 못하는 산스크리트어였다. 작품에서 산스크리트어는 표음문자 알파벳과 달리 자연의 본질을 그대로 본뜬 모든 글의 원형으로 상정된다. 그는 그 문자에서 자신이 사랑하는 세르펜티나라는 '여인의 음성'을 듣게 되고 바로 그때 제대로 필사하게 된다. 목소리를 듣는 순간 배우지도 않은 문자의 의미를 이해하게 된다는 것이다. 이렇게 문자에 구술성을 부여하는 것은 인위적 문자를 자연의 본질과 직접 연결하는 것이며, 이처럼 문자로 적힌 글을 목소리로 들어 알게 될 때 필경사인 주인공은 '시인'으로 거듭나게 된다. 즉 그는 어머니의 음성을 통해 읽기를 배웠던 당시의 아이를 표상하고, 아이는 자라서 행간에서 어머니의 음성을 듣는 시인이 된다. 따라서 1800년경의 '문학'은 문자를 기호로 보던 낡은 '문자성'에서 벗어나 탈물질화 시킴으로써 그 근원인 자연과 직접 소통할 수 있는 작가의 글쓰기 기술이라 할 수 있다. 이 시대엔 인위적인 것을 자연적인 것으로 만드는 거대한 문화적 훈련 및 소양을 위한 프로그램이 전방위적으로 전개되고 문학이 그 정수였다.

이는 인쇄술 등장 이후 읽기와 쓰기를 좀 더 보편화하기 위한 목적을 위한 것으로 볼 수 있다. 아이들이 새로운 방법으로 문자를 읽고 쓰게 되면서 당시 유럽 각국의 문맹률은 급격히 떨어진다. 또 그 아이들이 잠재적인 시인이자 독자로 성장해 독일의 고전-낭만주의 문학이라는 사조를 구축한다.

당시에 문학은 양적으로도 크게 성장했을 뿐 아니라 그 위상 역시 어느 시기보다 높았다. 문자 매체 역시 독점적 위치에 있었던 것은 당연하다. 그런데 그런 문자의 위치가 문자에 역설적인 역할을 요구하게 된다. 아직 영화나 축음기처럼 시각 정보와 청각 정보를 기록할 기술이 등장하기 전이었기에 문자가 그 모든 감각적 정보를 처리할 수 있어야 했다. 따라서 문학은 단지 문자로 이뤄진 텍스트가 아니라 시청각적 환영을 가능하게 하는 일종의 멀티미디어로 기능해야 했다. 행간에서 어머니의 음성을 들으며 성장한 시인과 작가들은 자신들의 시청각적 환상을 글을 매개로 독자들에게 전송하는 역할을 했다. 그렇게 "1800년식 기록시스템에서 시집은 최초의 현대적 미디어가 된다. (…) 시는 감각 데이터를 복제하고 증폭함으로써 감각 데이터를 대리 보충한다."[118]

문자가 독점적 매체였기에 글쓰기의 물질성은 어머니의 입과 같은 가상적 목소리에 압도되고 지워질 수 있었다. 또 그런 상황하에서 문자 매체는 위력을 발휘했다고 할 수 있다. 독일 낭만주의 시문학은 이런 "구술성과 포에지의 결합"[119]이었고, "독일 시문학은 모두 독자들로 하여금 시를 증식하도록 만드는 일종의 프로그램으로 코딩된다."[120]

이 시기에 슐레겔이나 헤겔이 여러 예술을 등급으로 구분할 때 그 최고의 자리에 '시'를 놓았던 것도 이런 프로그램의 결과로 볼 수 있다. 하지만 키틀러는 매체는 시인이 자신의 메시지를 전달하는 채널이라는 생각에 당연히 반대한다.

타자기의 등장과 글쓰기의 표준화

1800년경의 문학이 문자 매체의 독점적 조건과 관련이 있다면 새로운 시기의 문학은 본격적인 기술 매체의 등장 과정과 관련된다. 이전 시기에 가상적 멀티미디어의 역할을 했던 문자는 이제 구술성과 문자성이 분리되면서 여러 미디어 중 하나로 위상을 재정립한다. 키틀러는 이런 극적인 전환을 보여주는 주요 인물로 니체

---

118   Kittler(1985/2015), 203.

119   Kittler(2013b), 6.

120   Kittler(1985/2015), 192.

를 언급하는데, 이는 니체의 언어 이론에서 이전 시대와는 확연히 다른 지점들이 등장하기 때문이다.

독일 고전-낭만주의 시기의 언어관에선 모든 인간의 소리는 감탄사마저도 의미로 충만한 것이었다. 1800년식 기록시스템에서 언어가 감탄사나 한숨 소리, 탄식 같은 최소 기의에서 시작해 단어, 어절, 문장을 거쳐 하나의 문학 작품까지 확장되는 연속체로 존재했던 것은 그 때문이었다. 그러나 니체는 언어가 자연과 인간을 자연스럽게 연결한다는 생각에 회의를 품는다. 그는 언어에서 단절과 파열만을 본다. 그는 인간의 언어가 신경 자극에서 이미지로, 이미지에서 다시 소리로 비약해가는 과정을 분석하는데,[121] 여기서 언어는 자연적 근원을 갖는 것이 아니라 자의적 산물에 불과한 것이 된다. 그에 따르면 그런 인간의 언어에 진리가 있다고 믿는 것 자체가 허구라 할 수 있다.

또한 고전-낭만주의 시기에 글을 읽거나 쓰는 사람들이 프로그램에 따른 훈련된 결과로 문자열에서 가상의 소리를 듣는 무의식적 경험을 했다면, 니체는 "내 방은 쥐 죽은 듯 고요하다. 내 펜만이 종이 위에서 사각거릴 뿐"[122]이라고 말한다. 글을 쓸 때 들리는 것은 펜과 종이가 일으키는 '소음'뿐이라는 이 문장은 의미심장하다. 어머니의 음성도 영혼의 소리도 아니고 소음만이 발생하는

121　Nietzsche(1970/2001), 447-448.
122　Kittler(1985/2015), 317.

글쓰기. 키틀러에게 이는 "새로운 문학의 영점"[123]이다. 이전 시대의 문학에서 '담론의 근원'이던 지점에 남은 것은 이제 '백색소음' 뿐이다. 이것은 문자 매체에 대해 확연히 달라진 인식이자 문자 예술로서의 문학에 주어진 새로운 출발점이기도 하다. 백색소음이란 들리기는 하되 의미를 파악할 수 없는 소리를 지칭한다. 그리고 그 소음 중 극히 일부만이 '의미 있는 소리'라 할 수 있고 인간의 글쓰기도 마찬가지라 할 수 있다. 그런 맥락에서 글은 이제 다시 기호의 조합론으로 이해된다. 각 문자는 다시 낱낱의 개별성을 갖게 되고 그 조합들 중 일부만 의미를 갖는 상징 체계로 받아들여지는 것이다.

그러나 이런 변화가 구텐베르크 인쇄술이 발명되던 시기로 회귀하는 것을 의미하지는 않는다. 그보다 이는 소음을 배경으로 하는 정보 개념의 등장과 연관이 있고 새로운 기술 매체의 발전에서 비롯된다.

19세기 중후반부터 본격화된 기술 매체의 발전은 매우 빨랐다. 전보는 이미 새뮤얼 모스Samuel Morse가 1837년에 전신기를 개발한 뒤 곧바로 상용화되고 1869년엔 오스트리아-헝가리 제국이 우편엽서를 발행했다. 전보나 우편엽서의 경우 글자 수에 따라 비용이 청구되기에 사람들은 최소한의 단어 수로 최대의 효과를 내려고 노력했다. 혹은 최소의 기호만을 사용했기에 효과가 더 커졌다

---

[123]　Kittler(1985/2015), 320.

고도 볼 수 있다. 니체가 개발한 새로운 글쓰기 방식인 아포리즘도 바로 이 기호의 경제학을 차용했다고 볼 수 있다.[124] 키틀러는 이에 대해 "1900년식 기록시스템의 수수께끼 같은 문자들을 지배할 방법"[125]이라고 말한다. 그러나 아직 새로운 '글쓰기 기술'로서의 문학에 대해 논의하기는 이르다. 1900년경의 문학에 영향을 미친 매우 중요한 기술 매체인 타자기를 등장하게 한 당대 생리학적 실험에 대해 먼저 알아보고 그 장치에 대한 기호학적 이해를 해야 하기 때문이다.

타자기는 쓰기를 기계화하고 표준화했을 뿐 아니라 문자 자체에 대한 새로운 사유에서 비롯되어 나중엔 그 사유의 내용까지 바꾸기도 한 장치다. 언어중추를 연구하는 학자들은 뇌를 타자기와 동일하게 취급한다. 그 시기에 본격화된 대뇌생리학은 사람들의 환상과 달리, 언어 구사 능력이 기계장치 작동처럼 훈련을 통해 익힐 수 있는 활동이라고 규정한다. 사람들이 그 내부 구조를 몰라도 계산기나 타자기, 축음기 등을 얼마든지 작동할 수 있듯이 언어도 표상들의 작용으로 질서정연하게 돌아가는 일종의 기계장치다. 니체가 직관적으로 분석하고 있듯이 의식에 앞서 감각적, 운동적, 음향학적, 광학적 언어중추가 존재하고 이들이 신경망으로 연결되어 정교하게 동작하는데, 이는 타자기의 각 부위가 레버로 연결되어

---

124   kittler(1986/2019), 364.
125   Kittler(1985/2015), 333.

일사불란하게 돌아가는 것과 같다.[126] 그래서 대뇌생리학은 말의 음향 이미지가 글 쓰는 손과 의식으로 전해지는 과정을 '소리로 들리지 않는 구술'이라고 표현한다.

대뇌생리학적 관점에서 구축되는 이러한 언어 이론은 타키스토스코프 장치 등을 통해 구현된다. 그런 장치는 뇌 속에 가정된 언어 기계를 실제로 구현한다. 타키스토스코프 장치는 0.001초 단위의 짧은 시간 동안 피험자의 눈앞에 문자와 단어를 제시하는데, 이것들은 미리 준비된 실험 재료나 어휘집에서 임의로 추출된다. 피험자는 눈앞에 스쳐 지나가는 문자와 단어를 따라잡기 위해 최선을 다하지만 시간 간격이 점차 좁아지면 어느 순간 그 식별이 불가능해진다. 이런 실험을 통해 읽기란 문자 자체가 아니라 문자 간 차이를 지각하는 것이고 단어 인지는 불쑥 튀어나오는 문자들을 불연속적으로 포착하며 이뤄진다는 사실이 증명된다.[127] 또 피험자들이 판독에 실패하는 경우를 분석한 결과 모음이나 크기가 작은 자음은 상대적으로 잘 구별되지 않는 반면, 위아래로 뻗은 선이 있는 자음은 좀 더 쉽게 식별되는 타이포그래픽적 인지 신호로 작용한다는 사실이 밝혀지기도 했다. 이로써 낭만주의 시대처럼 단어의 비물질적인 음향 이미지나 소리가 아니라, 문자별 유형에 따른 물질적 기호의 순수 차이성이 식별된다.

---

126   Kittler(1985/2015), 441.

127   Kittler(1985/2015), 443.

19세기 말 프리드리히 슈만이 개발한 바퀴형 타키스토스코프. **사진** Sophie Daum, **소장** AWZ.
타키스토스코프는 그림이나 텍스트를 일정 시간 동안 표시했다 사라지게 하는 장치로 초기엔 평평한 마스
킹 스크린을, 후기엔 프로젝터와 카메라의 셔터 시스템을, 더 나아가선 형광등 같은 짧은 조명을 사용했다.
1990년대 후반 컴퓨터로 대체됐다.

또 이처럼 타이포그래픽적 요소가 문자 인식의 중요한 지점이 된다고 할 때 사람들마다 달라지는 손글씨의 개별성은 문자의 표준화 과정에서 큰 걸림돌이 될 수 있다. 1800년경의 기록시스템이 '어머니의 입'이라는 표준 소리를 통해 사람들이 저마다 내는 소리를 통일하려고 했다면, 타키스토스코프 실험은 이런 음향적 차이는 손글씨가 보여주는 시각적 차이에 비하면 아무것도 아님을 증명했다. 그 결과는 타이포그래피의 혁신으로 이어진다.

이는 독일에서 긴 시간 진행돼온 서체 전쟁의 종결도 가져온다. 바로 프락투어(Fraktur) 서체와 안티크바(Antiqua) 서체의 경쟁이다. 프락투어 서체는 프리드리히 3세의 궁정에서 16세기 초에 개발돼 사용돼온 독일식 서체로 획이 부러진 듯 각이 많아 부서진 문자라는 뜻을 갖는다. 이는 루터의 성경 제작에도 사용된 독일어 인쇄 문화의 상징이었다. 반면 안티크바 서체는 이탈리아에서 발전한 로마자 서체로 주로 학문 영역이나 외국어 서적 등에 쓰였다. 16세기 이후에는 두 서체가 병용된다. 그러다 18~19세기에 걸쳐 두 서체가 문화적 정체성을 표상하는 기호들로 받아들여지면서 논쟁이 시작됐다. 계몽주의와 과학이 널리 퍼지는 중에 라틴어나 프랑스어 등의 서적은 대부분 안티크바로 인쇄된 반면 독일어 문학이나 행정 문서 등은 프락투어가 우세했다. 특히 나폴레옹 시대에 독일의 민족주의가 고조되면서 프락투어가 독일어의 상징적 타이포그래피로 여겨지게 된다. 이후 19세기 후반과 20세기 초엔 산업화와 교육이 확대되는 가운데 서체 문제가 일종의 문화전쟁으로까지 번진다. 신문이나 과학 서적, 광고 문구 등에서 안티크바가 점차 확산되는 것에 맞서, 보수와 민족주의 진영은 프락투어를 독일 정신의 글자로 옹호하며 1911년 독일 제국 의회에서 서체 통일을 시도하기도 했다. 하지만 격론만 벌어졌을 뿐 결론 없이 종결된다.

키틀러는 서체 전쟁의 결론이 실험실에서 타키스토스코프를 이용한 계측 작업이 진행됨에 따라 안티크바 서체의 인식 가능성

Fraktur

Antiqua

프락투어와 안티크바의 서체 경쟁.

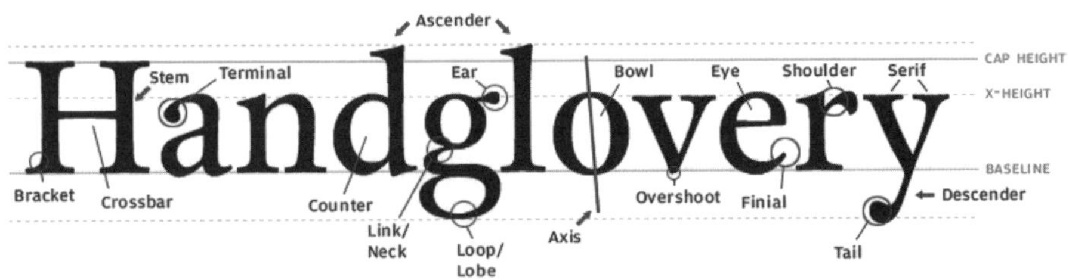

서체의 해부학. 서체를 배열하고 설정하는 일인 타이포그래피는 특정한 구성 요소에
따라 현재 수천 가지 조합이 존재한다.

이 우월하다는 사실이 입증됨으로써 끝났다고 주장한다. 서체가 단순할수록 배우기 쉽다는 사실이 일반화된 것이다. 안티크바 서체는 상대적으로 구성 요소가 매우 적어 직선과 반원이라는 요소로만 이뤄진다. 그렇게 20세기 들어 점차 이 새로운 서체는 길거리 간판, 전차, 우체국, 기차역 등 사람들이 많이 지나는 장소 어디서나 마주칠 정도로 일반화되고 기초교육 과정에도 참여하게 된다. 학생들은 이제 아름다운 서체를 지닌 손글씨 쓰기를 교육받는 것이 아니라 더 높은 가독성을 추구하는 글쓰기를 지향한다.

또 문자 자체의 형태만이 아니라 문자와 문자 사이의 관계도 중요해지면서 기호들을 서로 분리해 두드러지게 만드는 '사이'의 움푹 꺼진 공간 역시 기호 자체와 동등하게 취급된다. "문자는 백색의 배경 위에서 그와 대조될 때에만 비로소 문자가 된다"[128]는 사실이 분명해지고 각각의 문자가 낱낱이 분리되어 표기된 '사이'가 명시적으로 드러난다.

그런 와중에 1873년 처음 등장한 타자기는 알파벳은 물론 글쓰기에 필요한 각종 부호와 글자 사이 여백까지도 기계적으로 표준화할 수 있는 장치였다. 타자기는 니체가 직관적으로 간파했던 '혼돈과 간격의 논리로서의 글쓰기'를 기술적으로 구체화한 장치였다. 무엇보다도 대뇌생리학과 정신물리학의 실험 결과로 확인됐듯이 "기호들이 불연속적으로 분리돼서 공간적으로 식별된다는 것,

---

128   Kittler(1985/2015), 449.

바로 이것이 타자기의 결정적인 혁신"[129]이었다.

타자기는 문자 매체의 역사에서 또 한 번의 거대한 표준화를 가능하게 한 매체로 볼 수 있다. 구텐베르크의 인쇄술이 문자 기호들을 공간화함으로써 책의 규격화와 표준화를 이루고 그로써 지식의 대량 유통 조건을 마련했다면, 1800년경의 기술 혁신들은 표준어의 수립에 기반해 수많은 사람의 '다른 소리'를 '어머니의 입'으로 표상되는 교육학적 개혁으로 표준화한 바 있다. 그때 책 생산량이 엄청나게 증진되면서 지식의 대중화가 크게 이뤄졌다. 그러나 그런 변화 중에도 손글씨 쓰기는 여전히 중요한 기술적 수단으로 남아 있었다. 학교는 깨끗하고 아름다운 손글씨 쓰기를 가르치기 위해 오랜 기간 학생들을 훈련하며 그런 글씨에 그 사람의 개성과 영혼이 스며들어 있다고 봤다. 손글씨 쓰기는 문자 매체의 물질적 차원에서 볼 때 유일하게 남아 있는 비표준화 영역이기도 했다. 그렇게 타자기는 글쓰기 자체를 기계화함으로써 문자 매체와 관련된 마지막 기술적 과정과 영역까지 표준화한다. 또 타자기는 스스로 자신을 표준화했으니 "타자기의 대량생산이 가능해지자마자 보편적 키보드를 도입하려는 강력한 운동이 일어났고, 결국 1888년 토론토에서 열린 국제 타자기회의에서 표준 키보드에 대한 합의가 이뤄"진다.[130]

---

129   Kittler(1985/2015), 338.

130   Kittler(1985/2015), 338.

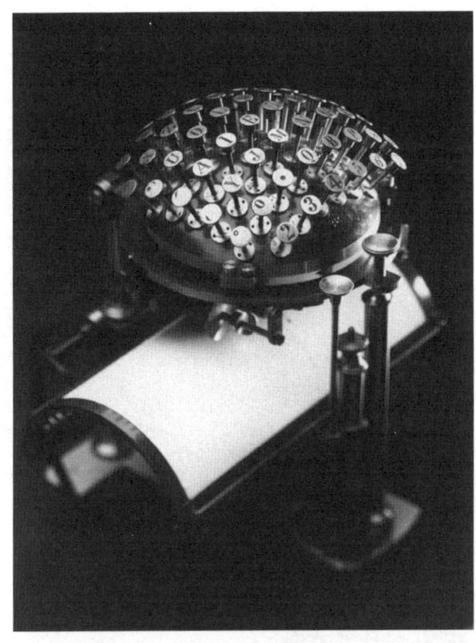

레밍턴사가 1873년에 세계 최초로 상업적 목적으로 타자기를 대량 생산하기 전에 1870년 생산되어 판매된 '한센의 라이팅 볼'.
사진 Peter Mitterhofer

1878년 사용된 레밍턴 타자기 2(모델) 자판. 시프트 키가 왼쪽 하단과 오른쪽 상단 두 곳에 배치돼 있다.
사진 Martin Howard

윌리엄 포크너가 쓰던 타자기 '언더우드 유니버셜 포터블'. **사진** visitmississipp

1900년경의 문자와 문학: 기표의 유희

이제 새로운 기술적 환경의 변화 속에서 구축되는 새로운 문학에 대해 알아볼 차례다. 키틀러는 크리스티안 모르겐슈테른 Christian Morgenstern의 타이포그래피 시를 예로 들며 이전 세기 괴테의 시에서와 같은 시청각적 이미지의 어우러짐 같은 특징이 없는, 일종의 기표 유희적 산물이라고 분석한다. 그의 시 '뾰족한 말뚝 울타리'의 마지막 행은 "하지만 건축가는 도망쳐버렸다. 아프리-또ㄴ-아메리코(Afri-od-Ameriko)로"로 끝난다. 이 시구는 각운의 유희가 보이는가 하면 하이픈으로 공백을 표시해 음절의 사이 공간을 가시화하기도 한다. "이 시어들은 어간과 어미를 나누는 사이 공간을 과시하면서, 자신들의 진정한 의미가 사이 공간에 있음

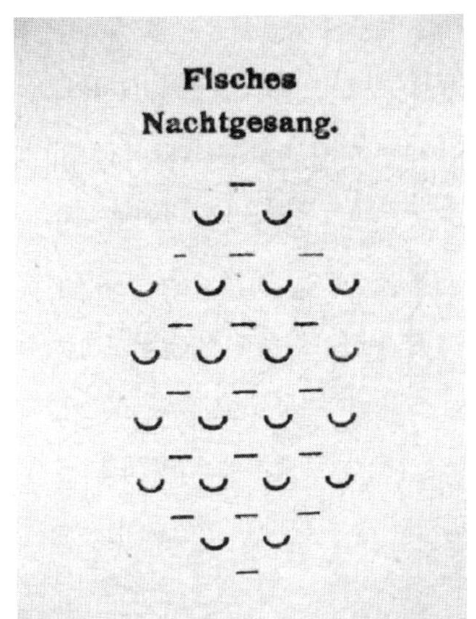

크리스티안 모르겐슈테른이 1905년에 쓴 '물고기의 밤노래'. 아무런 단어 없이 타이포그래피로 물고기 형상만을 제시했다.

을 노골적으로 드러낸다."[131] 그의 또 다른 시 '물고기의 밤노래'는 더욱 놀랍다. 거기엔 단어는 하나도 등장하지 않고 물결이나 지느러미를 연상케 하는 기호만 배열돼 있다. 언어 대신 리듬과 시각적 배열만으로 이뤄진 초기 구체시(concrete poem)의 전형이라 할 수 있다.

그렇게 20세기에는 글자의 배열로 특정 이미지나 형상을 이루는 구체시가 다양하게 창작됐다. 한국의 시 중에도 이상의 '오감도' 같은 시는 기표의 유희를 보여주는 사례로 볼 수 있다. 이처럼

---

131   Kittler(1985/2015), 451.

1900년경의 기록시스템의 문학은 이전 세기와는 확연히 다른 특징을 보여주는데, 여기에선 프란츠 카프카의 작품 하나를 또 하나의 예로 들어보고자 한다. 카프카의 작품들은 키틀러가 직접 분석하고 있지는 않지만 이 새로운 시대의 문학적 특성들을 잘 보여준다.

작가 카프카가 가장 활발하게 창작 활동을 한 시기는 1910년부터 1920년대 초반까지였다. 그는 법학박사 학위를 받은 뒤 1908년 노동자상해보험국에 입사해 14년가량 근무했다. 법률 보좌역을 맡았던 그는 타자기와 전화기, 녹음기 등 기술 매체에 익숙했던 것으로 보인다. 특히 산업 현장에서 기계로 생긴 사고를 조사하고 법률적으로 이의를 제기하는 일이 그의 주요 업무였다는 점도 중요하다.[132] 즉 그는 기술 매체들이 자리를 잡는 새로운 시대적 상황을 잘 인식하고 있었기에 거기에서 비롯한 사유와 감정이 어떤 식으로든 작품에 표현됐을 것임을 짐작할 수 있다.

키틀러의 논의에 따라 가장 적합하게 살펴볼 수 있는 카프카의 작품은 『유형지에서』(1919)다. 줄거리는 다음과 같이 시작한다. 한 탐험가가 유형지를 방문하는데 그곳의 장교는 그에게 자신이 다루는 처형 기계로 한 병사를 처형하는 모습을 보여주고자 한다. 장교는 기계의 우수하고 완벽한 기능을 자랑한다. 처형 기계는 죄수의 몸에 그의 죄목을 바늘로 기록하는 장치이고 죄수는 몸에 기록

---

[132]　권혁준(2012), 138.

된 내용을 통해 비로소 자신의 죄목을 알게 된다. 그렇게 고문을 가하는 중에 죄수의 피를 닦아내고 미음을 제공하는 등의 모든 과정이 자동적으로 이뤄진다. 그리고 12시간이 지나면 죄수는 처형 기계에 의해 시체 구덩이에 내던져진다. 그 과정에서 인간이 직접 개입하는 일은 전혀 없다.

작품에서 기계는 죄수의 죄목을 바늘로 그의 몸에 새기는데 이 장면은 키틀러와 니체를 관통하는 새로운 글쓰기의 극단적 상황을 보여준다. 타자기의 등장으로 상징되는 1900년경의 글쓰기는 자연과의 깊은 단절을 드러낸다. 이는 읽기와 쓰기를 통해 인간을 인간으로 만드는 문화적 프로그램이 얼마나 인위적이고 폭력적일 수 있는지 생각하게 한다. 그런 사유를 선악 구분 너머까지로 확장하는 니체는 '도덕적 인간의 탄생' 전에 있었을 잔인한 형벌의 역사를 상정한다. "끊임없이 고통을 주는 것만이 기억에 남는다."[133] 니체가 말하는 각인을 통한 기억술은 끔찍한 신체 훼손의 역사와 다름없고 카프카의 소설 속 처형 기계는 바로 그런 타자기적 글쓰기 혹은 "보이지 않는 각인"[134]을 보여준다. 그것은 신체 층위 깊이 새겨지는 문화화 프로그램의 효과이자 타키스토스코프 장치가 피험자의 눈앞에 쏘아 보내는 문자 노출의 자극이며 타자기 펀치가 종이에 글자를 쳐서 박아 넣는 새로운 글쓰기 기술 자체에 대한

---

133 Nietzsche(1968/2001), 400.

134 Kittler(1985/2015), 345.

은유다. 이 작품은 호프만의 『황금항아리』가 그랬듯이 새로운 미디어와 기록 기술의 시대가 낳은 증상을 증언이라도 하는 듯하다.

모르겐슈테른의 시와 카프카의 소설이 보여주듯 시대는 변하고 문학도 달라졌다. 안젤무스가 바람결에 흔들리는 나뭇가지에서 신비로운 여인의 음성을 들었다면 이제 그런 환청을 듣는 것은 정신병동에 갇힌 환자들뿐이다. 이제 인간의 신체는 무의미한 소음 속에서 의미를 떠올리는 기계적 존재, 소음을 발생시키고 거기서 또한 의미를 추출하는 기계가 된다. 그리고 카프카의 작품은 문자가 새겨지는 고문을 당하는, 글쓰기 표면으로서의 신체를 보여준다.

이 모든 것은 새로운 시대의 문학이 기표의 자율성을 획득하고 있기에 가능하다. 이제 언어는 기의와의 관계에 의해 결정되는 것이 아니라 기표의 유희가 된다. 문학 작품이 기표의 유희가 되면 그 해석 방식 역시 달라져야 할 것이다. 따라서 키틀러는 새로운 시대의 문학을 헤르만 바르Hermann Bahr의 정의에 따라 '리버스 퍼즐의 문학'이라 칭하며 암호 해독 방식이야말로 그 작품들에 대한 적절한 해석 방식이라고 말한다.[135] 이제 문학 작품의 의미의 원천은 저자의 영혼 속에서 찾을 수 있는 것이 아니라 객관적이고 즉물적으로 해석해야 한다. 또 이제 문학은 니체가 시도했듯이 백색 소음 혹은 근원적 음향을 기록하려고 한다. 그러나 그러한 '실재의

---

135   Kittler(1985/2015), 480.

기록'은 문자 예술, 즉 '상징계적 예술'인 문학이 할 수 있는 일이 아니다. 따라서 "이는 시뮬라크룸을 통해서만 가능해진다."[136]

이제 매체 구조의 변화는 사회의 권력 구조에 영향을 미친다. 축음기와 타자기, 전신, 전화 등 기술 매체의 등장은 권력 기구들을 자동화하고 익명성을 부여한다. 기계의 무오류성과 법칙성이 사법·행정 기관이나 제도에 그대로 적용된다. 그리고 카프카의 문학은 기록시스템에 조건 지워지는 법과 사회 체계의 구조를 보여준다.

카프카의 시대, 기록시스템 1900의 시대에 의미와 무의미 사이의 경계는 무너지고 무의미가 오히려 의미를 압도하는 중에 분열된 주체는 잡음 혹은 무의미 사이를 부유한다. 또 문학은 그 잡음과 무의미를 그리려는 '시뮬라크룸'이 된다.

디지털 시대의 문자 매체, 새로운 '문맹'의 출현

이처럼 "매체가 우리의 상황을 결정한다."[137] 타자기가 글쓰기의 마지막 남은 단계를 기계화, 표준화하면서 문자 매체의 기술적 토대는 다시 한 번 크게 변화했다. 타자기는 글쓰기에 필요한 모든 부호를 질서정연한 자판으로 구축하고 그로써 글쓰기 속도만 앞

---

136   Kittler(1985/2015), 552, 562.

137   Kittler(1986/2019), 7.

당긴 게 아니라 글을 쓰는 모든 사람도 다 똑같이 보이게 만들었다.[138] 구텐베르크 인쇄술에 필요했던 장비들이 이제 좀 더 간편해진 형식으로 글을 쓰는 대부분 사람들의 손에 쥐어진 것이다. 그 결과는 여러 지점에서 찾을 수 있겠으나 문자 매체 자체의 운명을 바꿨다시피 한 것은 사람들이 그다지 예상치 못했던 곳에서 시작됐다. 그것은 암호문의 제작 기법이었다. 『회화론』의 저자 알베르티는 고대로부터 내려오던 암호 제작술을 한 단계 발전시킨 인물이기도 하다. 그는 구텐베르크의 활자들을 접한 뒤 고대 카이사르 시대부터 내려오던 암호 제작술을 개선해 근대적 암호 기술을 개발하게 된다.

그리고 타자기 기술은 알베르티에서 시작된 근대적 암호문 제작을 또 한 단계 새로운 차원으로 끌어올렸다. 그것은 제2차 세계대전 당시 독일군이 개발했던 자동 암호 제조기인 에니그마의 개발로 시작된다. 에니그마는 타자기 장치를 기본으로 암호를 제조하는 기계로, 쉽게 말하면 자동 타자기 장치로 볼 수 있다. 그런 에니그마를 해독하기 위해 영국군이 고용한 수학자가 앨런 튜링이다. 튜링은 에니그마를 해독할 수 있는 장치 콜로서스를 개발하고 이는 컴퓨터의 전신이 된다. 이제 암호 제조도 그 해독도 인간이 아니라 자동 기계장치가 한다. 콜로서스에서 시작된 컴퓨터는 제2차 세계대전이 종료될 즈음 디지털화하며 발전을 계속하고, 디지

---

138   Kittler(1986/2019), 358.

털 컴퓨터는 모든 정보를 이진법 숫자 코드에 기반한 새로운 언어로 통일한다. 그리고 디지털 시대에 소리와 이미지, 음성, 텍스트 등이 동일한 언어 정보로 이뤄지면서 현재에 이른다.

컴퓨터 언어의 등장은 문자 체계에 또 한 번의 혁명을 가져왔다. 타자기가 글쓰기를 기계화했듯이 에니그마와 그 해독기 콜로서스는 인간이 아닌 기계장치가 글을 쓰고 해독하는 메커니즘을 구축했다. 따라서 컴퓨터 언어의 경우 애초에 그 언어를 읽고 쓰는 주체는 인간이 아니라 기계였다. 그리고 그 언어의 목적은 정확한 계산을 통해 오류를 최소화하고 그간의 데이터를 기반으로 앞날을 예측하는 것이었다. 또 컴퓨터 언어의 등장으로 이제 언어는 0과 1 또는 읽기(READ)와 쓰기(WRITE), 온(ON)과 오프(OFF)로 축소됐고 그로써 "유럽 알파벳주의는 완결됐다."[139]

컴퓨터 언어가 인간의 언어와 가장 다른 점은 원칙적으로 오류를 허용하지 않는다는 점이다. 우리는 글을 쓸 때 오탈자를 만들기도 하고 기호를 헷갈리기도 한다. 하지만 컴퓨터 언어에선 아무리 사소해 보이는 기호 하나라도 빠지거나 잘못 입력되면 프로그램 작동 자체가 멈춘다. 그야말로 완전한 '문자 복종'이 일어난다. 그때 "컴퓨터 프로그래머가 갖는 컴퓨터 문맹(Computeranalphabetismus)은 인간을 위해서가 아니라 컴퓨터가 글을 쓰도록 하기 위해

139　Kittler(1996a), 239.

서다."[140]

이는 얼핏 보기에 이상한 문장이다. 우리는 보통 프로그래머들이야말로 디지털 리터러시를 갖고 있는 사람들이라고 생각하기 때문이다. 하지만 이 문장에서 '문맹'은 통상적 의미와는 다르게 이해해야 한다. 프로그래머는 컴퓨터 언어를 다루나 그것을 일상 언어의 의사소통 방식과는 전혀 다른, 실행을 지시하는 형식 체계로 다룬다. 그렇게 프로그래머는 문자를 읽고 쓰는 존재가 아니라 기계가 자신의 문법으로 글을 쓰게 만드는 기술자의 위치에 놓이게 된다. 전통적인 문해력은 인간과 문자, 의미라는 회로에서 작동한다. 하지만 이제 글쓰기의 주체는 인간이 아니라 기계이고, 프로그래머는 컴퓨터에 능숙한 사람이라 해도 전통적인 의미의 글쓰기 주체 그리고 문자 해독자가 아니다. 키틀러는 이처럼 문해력의 개념을 확장해 기계가 스스로 쓰고 읽는 시대에 인간의 글쓰기 위치가 얼마나 달라지는지를 보여준다. 따라서 컴퓨터 문맹은 컴퓨터 언어 발전의 필연적 결과라 할 수 있다. 또 프로그래머들은 컴퓨터 언어를 다루지만 기술이 발전할수록 그 외의 사용자들은 컴퓨터 언어를 알 필요가 없는 상황이 심화된다. 이것은 소프트웨어 프로그램 산업의 중요한 성공 기반이다. "기술적으로 컴퓨터 문맹을 배양하는 것은 황금을 낳는다. 코드를 읽지도 쓰지도 못하는 사

---

140   Kittler(1996a), 241.

람들은 해커가 될 수 없기 때문이다."[141]

그리고 튜링의 기계가 모든 문자를 이진법 행렬로 전환하던 그때, "문장들은 숫자처럼 무한한 조작 가능성을 얻게 됐다. 이것은 결국 문장들로 이뤄졌던 문학의 종말을 의미한다."[142] 문학은 그 시대의 새로운 글쓰기 기술이기에 우리 시대의 문학은 컴퓨터 언어로 이뤄진 알고리듬 자체라 할 수 있다. 이제 이런 주장은 인간이 새로운 문맹 상태에 놓인 현재의 고도 기술적 조건하에서 그 기술 조건을 무시하고는 문학이 더 이상 뭔가 의미 있는 내용을 말하기 어렵다는 뜻으로 이해해야 할 것이다. 혹은 언젠가 니체가 꿈꾸었듯이 말하거나 글을 쓰지 않는 우리의 생각을 물질에 새겨 넣는 기계의 등장을 기다리는 일만이 남아 있을지 모른다.

문자 매체 그 '재매개'의 역사

문자는 낡았는가, 아니면 여전히 강력한 매체인가. 오늘날의 매체 환경에서 이 오래된 매체의 위상과 역할은 어떻게 규정될 수 있는가. 니체는 다음과 같이 말한다. "우리의 필기 도구가 우리의 사유와 더불어 작업한다."[143] 또 키틀러는 『기록시스템 1800·1900』의 2판 후기에서 "전통적 문학 연구는 책의 모든 것을 연구하지만

---

141   Kittler(1996a), 248.

142   Kittler(1986/2019), 438.

143   Kittler(1986/2019), 360.

책의 데이터 처리 방식만은 무시한다"고 말한다.[144] 따라서 그의 긴 책은 바로 책의 데이터 처리 방식, 즉 문자를 소리와 결부하고 그로써 자연과 직접 연결하는 학습 기술이나, 글쓰기를 자동화하는 타자기 기술이 문학의 본질을 어떻게 바꾸는지를, 더 나아가 기술이 문학에 얼마나 큰 영향을 미치는가를 집요하게 추적한 결과물로 볼 수 있다. 그 작업은 또한 "문화는 기술 없이 가질 수 없고 기술은 문화 없이 가질 수 없다"[145]는 그의 기본 입장을 보여준다.

물론 문학을 단지 문자 데이터를 처리하는 글쓰기 기술로 보는 관점은 비판의 여지가 있다. 너무 협소해 보이기 때문이다. 키틀러의 이런 입장이 혹자에게는 달을 보라고 했더니 손가락만 보는 어리석은 행태일 수도 있다. 그러나 그의 주장은 자신의 매체 이론과 기술철학이 지향하는 지점을 명확히 보여준다. 그는 철학자들의 주도하에 인문학에서 '계산'과 관련된 여러 유형의 지식 영역들이 배제돼온 역사를 비판한다. 그리고 철학은 그런 배제의 역사 속에서 모든 문화적 데이터를 해석할 수 있다고 주장해왔다.[146] 예컨대 해럴드 이니스는 문자와 인쇄술의 성취에 대해 비판적 관점을 보인다. 그는 "대량생산과 표준화는 서구의 적이다. 기계화된 문자언어와 음성언어의 한계는 지적돼야 하고, 구술 전통의 생명력을

---

144   Kittler(1985/2015), 646.

145   Kittler(2002), 50.

146   Kittler(2006c), 40-41

회복시키기 위한 노력이 있어야 한다"[147]고 주장한다. 물론 키틀러 역시 구술 전통의 중요함을 잘 알고 있다. 또 시각과 이미지 중심에 치우친 우리 시대의 지각 이론이나 담론 등과 달리 청각적 능력의 근원성에 대해서도 인식하고 있다. 하지만 키틀러는 글쓰기의 도입이 강력한 구술 전통을 보이는 그리스의 문화를 손상했다는 식의 관점에는 동의하지 않는다. 글쓰기를 비롯한 매체 기술들이야말로 허무하게 사라져버릴 일회성의 인간 지각 및 행동을 포착하고 기록한 덕에 문화와 역사, 그 외 모든 것이 가능해지기 때문이다.

키틀러는 자연과학과 실용적 학문이 철학의 영역에서 분리돼 나가는 과정에서 철학은 해석학이 되고 그런 인간 중심적 사유의 지평이 심지어 현대 컴퓨터 과학에서도 수학적 엄밀함을 상실해 기계에 대한 정확한 이해를 방해하는 상황에 이르게 됐다고 본다. 그런 상황 속에서 현재도 여전히 창작될 뿐 아니라 읽히고 있는 문자와 문학 작품들은 어쩌면 가장 중요한 전제 조건을 망각한 채 부유하는 텍스트들일 수 있다. 따라서 사유조차도 기계에 의존하는 상황 속에서 문학이 그리고 인간이 어떻게 존재할 때 지속가능할지 근본적인 의문을 품고 그 문제의 해결을 위해 노력해야하는 것이 우리 시대의 주요 과제 중 하나라 할 것이다. 그리고 키틀러가 주장하는 '수학의 복원'은 과거의 역사 속 편향을 지적하는

---

147   Innis(1950/2008), 285.

데 그치는 게 아니라 우리의 현재, 더 나아가 미래에 대한 이해와 전망에 필요 불가결한 지점이 된다고 할 수 있다.

또 키틀러는 인쇄술을 비롯한 여러 문자 처리 기술들에 대해 논의하나 그것이 문자와만 연관이 있는 것이 아님을 강조한다. 구텐베르크 인쇄술의 성취는 표준화된 활자만큼이나 중요한 표준화된 드로잉과의 '미디어 결합'을 통해 가능한 것이다. 그리고 그는 컴퓨터 언어는 문자-숫자에 기반하고 있음을 강조함으로써 디지털 시대를 '이미지의 시대'로 보는 관점을 전복한다. 이렇듯 모든 매체는 전적으로 다르고 차이를 만들며 서로 간에 번역되지 않는다고 볼 수 있지만 또한 매체들의 기술적 결합 가능성은 매우 중요하다.

그리고 문자 매체에 대한 계보학적 접근은 오래된 매체, 즉 낡았다고 여겨지는 문자 매체가 어떻게 새로운 시대를 맞을 때마다 '재매개'되는지 확인하는 계기가 될 수 있다. 키틀러는 매체 간의 경쟁은 오래된 매체와 새로운 매체의 '위치'를 조정한다고 말한다. 즉 새로운 매체는 오래된 매체를 쓸모없는 것으로 만들지 않는다. 다만 거기에 새로운 위치를 할당할 뿐이다.[148] 그렇게 문자 매체는 처음 만들어졌을 때부터 지금까지, 인간의 문화적 지형 내에서 끊임없이 새로운 위치를 부여받으며 다른 매체들과 복잡다단한 관계를 맺어왔다. 그런 맥락 속에서 키틀러는 문자 혹은 언어와 이미

---

148   Kittler(1996b), 6.

지의 관계를 경쟁이나 우위 관계에 있다고 보는 것이 아니라 서로 연결되고 그럼으로써 더욱 강한 효과를 낼 수 있는 상보적 관계로 보고 있음을 알 수 있다. 그리고 그런 상보적 관계는 인쇄술 발명 단계와 미디어 연결을 지나 디지털 기술의 단계에 이르러 동일한 '언어'로 결합되는 질적 변화를 겪었다고 할 수 있다.

6장

문화기술과 매체

매체는 정보를 기록하고 저장해 재생할 수 있게 하고 시공간의 한계를 넘어 전달함으로써 이를 확장하고 영속화하는 기술이다. 인류는 문화사 초입에 문자를 개발했으나 이미 그 이전부터 다양한 방식의 그림이나 상징적 기호들로 기억해야 할 것들을 기록했다. 문화의 역사는 기록의 역사다. 그런데 그런 기록 매체들을 가능하게 한, 좀 더 근원적이고 필수적인 기술들이 있다. 그것은 읽기와 쓰기, 수학과 음악, 상상력 등이다. 키틀러의 후기 사유는 이들 '문화기술'에 대한 연구에 집중돼 있다. 본격적인 논의를 시작하기 전에 그가 문화기술을 바라보는 기본적인 관점 하나를 가늠해보자. 그것은 바로 인간의 반복적 행위가 어떻게 상징적 질서로 발전하게 되는가 하는 궁금증이다. 즉 인간이 언어든 숫자든 음표든 그 어떤 상징 체계를 구축하기 전에 반복적으로 이뤄지는 다양한 수행적 작업들이 있었을 것이다. 그리고 그 작업이야말로 우리 문화의 시원으로 볼 수 있다.

키틀러의 마지막 프로젝트인 '음악과 수학'은 미완의 작업으로 프로젝트 전체의 아웃라인은 다음과 같다: 1부 헬라스(아프로디테/에로스), 2부 로마 아이테르나—영원한 로마(성Sexus/순결Virginitas), 3부 헤스페리아—서구(정중한 사랑Minne/사랑Liebe/성Sex), 4부 튜링 시대. 그는 전체 목록을 모두 7권의 책으로 기획했고 그중 1부 1권 『아프로디테』(2006)와 2권 『에로스』(2009) 두 권만 그의 생전에 출판됐다. 그리고 사후에 2부 원고를 편집한 유고본이 출판됐다. 목록에서 알 수 있듯 그는 고대 그리스에서 시작해 컴퓨터 시대에 이르는 유럽의 역사 전반을 자신의 관점에서 재구축하려고 했다. 특히 그 작업에서 '음악'과 '수학'이 어떻게 기술적으로 연결되는지 탐색하려고 했다.

매우 흥미로운 내용이기는 하지만 그 프로젝트는 그의 기존 작업을 생각한다면 예상 밖의 경로를 보여준 것이라 할 수 있다. 그는 문자 매체부터 축음기와 영화, 타자기 같은 아날로그 매체, 디지털 매체에 이르기까지 매체 계보학적인 논의를 풍부하게 구성해왔다. 그가 매체 이론을 본격적으로 연구하기 전까지는 독일 문학에 대한 비평적 사유를 보여준 것도 기억할 필요가 있다. 그러던 그가 2000년대 초반에 연구의 방향을 틀어 고대 그리스에 대한 탐색을 시작한다. 프로젝트대로 총 4부 7권이 모두 출판됐다면 또 어떤 새로운 논의가 나왔을지 모르겠지만, 현재 출판된 내용을 보면 그는 고대 그리스에서 아프로디테와 호메로스, 피타고라스를 중요하게 다루고, 아프로디테 찬양을 목적으로 시작된 '음악'이 어떻게 수학적 사유 및 개념을 가능하게 했는지, 또 그런 관점이 어떻게 피타고라스적 세계관 및 우주관, 아르키타스의 음향학 및 민주주의를 지향하는 정치적 관점을 형성하게 됐는지 분석한다.

고대 그리스 시대는 이상적이면서도 원형적인 문화기술의 특성들을 보여준다. 다시 말해 키틀러는 소크라테스와 플라톤 이전의 그리스를 '가장 좋았던 시대'로 보고 있다. 최초의 시대가 가장 좋았던 시대인 셈이다. 그런 점에서 보자면 그의 방향 전환은 의외의 행보로 보이기는 하지만 사실상 그 관점이나 내용 자체는 그렇게 새로운 것은 아닐 수 있다. 왜냐하면 그와 같은 시도는 일종의 '대안 역사적 감각'에 대한 서술로서 여러 사상가가 보여주고 있기 때문이다.

그 대표적 인물로 니체와 하이데거를 들 수 있다. 물론 키틀러처럼 후기 사유에 들어 나타나는 것은 아니지만 니체 역시 고대 그리스에 깊은 애정을 보여준다. 그가 『비극의 탄생』에서 보여주는 고대 그리스 문화의 정수는 아폴론적인 것과 디오니소스적인 것의 균형을 특징으로 하는 '비극'에서 찾을 수 있다. 비극은 무질서와 고통, 집단성, 망아의 경지, 타악기의 리듬, 합창과 같은 특징을 보여주는 디오니소스적인 것과 질서와 형식, 개연성과 명료한 언어로 이뤄진 대사 등의 특징을 보여주는 아폴론적인 것의 긴장과 균형을 보여주는 탁월한 예술 형식이었다. 그것은 예술에 그치는 것이 아니라 세계를 대하는 그리스인들의 자세 그 자체라 할 수 있었다. 하지만 비극은 소크라테스의 등장, 그에 영향을 받은 에우리피데스의 등장으로 급격히 사멸해간다. 니체는 소크라테스의 이성중심주의적 철학의 시작이 비극이 보여주는 풍부한 감성과 감각, 인간 존재와 세계 사이의 밀착된 관계 등이 파괴되는 결과를 가져왔다고 비판한다. 또 만일 고대 그리스의 비극적 세계관이 유지됐다면 현재의 서구는 좀 더 '병들지 않은' 문명이 됐을 것이라 한다. 이처럼 니체는 플라톤 이후 서구의 역사는 진보가 아니라 감각이 제거되고 배제된 채 만들어진 병든 문명의 결과로 본다.

하이데거 역시 마찬가지다. 그는 고대 그리스어 안에는 '존재의 진리'가 드러나는 특유의 사유 방식이 있었으나 플라톤 이후 '존재 망각'이 시작됐다고 봤다. 그는 플라톤의 이데아 사상은 존재를 형상적 개념으로 환원함으로써 '존재의 진리'를 은폐한다고 주장한다. 서구 철학이 플라톤에서 본격적으로 시작됐다고 할 때, 하이데거 역시 서구 형이상학 자체가 길을 잘못 든 사유의 역사를 걸었다고 보고 그 해결의 실마리를 찾기 위해 플라톤 이전의 언어와 사유로 돌아가려고 했다. 그는 그런 시도에 대해 "사유의 영역에서 시원적으로 사유했던 것을 더 시원적으로 철저히 사유해보려는 노력은 지나가버린 것을 쇄신하려는, 이치에 어긋난 의지가 아니라 오히려 시초의 도래에 경탄하려는 담백한 정신의 준비 자세"[149]라고 높이 평가하기도 한다.

철학자들만이 아니다. 매체 이론가들에게도 고대 그리스는 중

---

[149] Heidegger(1962/1993), 61.

요했다. 해럴드 이니스는 고대 그리스가 민주주의와 철학, 서구 예술의 발상지가 될 수 있었던 것을 문자 매체의 도래 시기와 결부된다고 설명한다. 마셜 매클루언 역시 폴리스 시대의 그리스와 알렉산더 대왕 사후의 제국 시대 그리스의 결정적 차이를 알파벳의 도래에서 찾고 있다. 이처럼 서구 문화의 시원으로서 고대 그리스의 중요성은 당연할 것이다.

'그렇지 않았을 수도 있었던 역사' 혹은 '다르게 될 수도 있었던 역사'라고 하는 대안 역사에 대한 감각은 키틀러에게도 나타난다. 문자가 도래하기 이전부터 그리스인들은 노래를 부르고 악기를 연주하고 춤을 추며 아프로디테 여신을 찬양했다. 음악을 통한 여신 찬양은 감각적이고 신체적인 체험이 살아 있는 예술이자 육체적 매혹을 통해 세계의 조화로움을 보여주려는 당대의 세계관이었다. 고대 그리스의 이런 특성은 그 이후에 나타나는 철학적 이성 중심주의와 대비된다. 그뿐 아니라 여신 찬양의 수단이던 음악은 문자와 수학의 원천이며 인식과 앎의 시작이었다.

그렇다면 키틀러의 문화기술론에 대해 알아보기 전에 문화기술이 정확히 무엇이며 어떤 이론적 맥락에서 연구됐는지 살펴보자.

문화기술론과 독일 매체론

'문화기술(Kulturtechnik)'이라는 용어는 그 외연이 매우 넓고 복잡하다. 이를 영어로 번역할 때도 cultural techniques, cultural technologies, cultural technics, culturing techniques 등 모두 가능할 정도로 정확한 의미 규정이 힘들다. 이 복합어를 이루는 '문화(Kultur)'와 '기술(Technik)' 역시 오래된 개념이어서 그만큼 혼란스러운 개념사를 갖고 있다. 'Kultur'는 라틴어 'colere'에서 왔으며 독일어에는 17세기에 도입되어 18세기부터는 오늘날과 같은 '문화'의 의미로 쓰였다. 'Technik'은 고대 그리스어 'techne'에서 비롯됐으며 독일어에는 18세기에 도입되어 technique, technology, technics 등을 의미한다. '문화'의 개념을 좀 더 살펴보자면 'colere'는 '양성하다', '경작하다', '논밭을 갈다' 등 의미를 갖고 있다. 그것은 농업의 어원이라 할 'agri cultura'가 지속적이고 견고한 두 번째 자연, 즉 인간의 행위를 통해 형성된 인위적 환경을 제공한다는 의미와 연결된다. 이처럼 농사 기술과 농사를 뜻하는 맥락에서 '문화'는 자연적 잠재력을 발굴하고 낳아 기르기 위해 조절되는 메커니즘을 나타낸다. 18세기부터는 이를 인간의 발전을 나타내는 지속과 경작이라는 변형된 의미로 받아들이기 시작하고 그 뒤로 읽기와 쓰기, 산수, 예술적 능력 등과 관련됐다. 이런 어원적 의미는 현대 독일어에도 살아 있다. 독일어 'Kultur'는 '문화'는 물론 '재배', '사육', '경작' 등을 의미하고 'Kulturtechnik' 역시 '토지 개량 기술'이라는 의미로도 사용된다.

하지만 시간이 지나면서 그 기원은 점차 잊혀지고 이후 '문화'
는 고대 로마의 철학자 키케로가 'cultura animi(cultivation of the
mind·정신의 경작)'라는 표현을 처음 사용한 이래로 정신적이고 관
념적인 용어가 됐다. 이는 철학에 대한 수사였는데 철학이 단순한
지식 습득이 아니라 인간의 정신을 단련하고 고양하는 내면의 농
사라는 의미를 나타낸다. 그리고 이렇게 정신화된 용어로서 학문
과 예술, 철학의 교육적 가치를 나타내는 의미로 사용된다.[150] 이처
럼 문화란 농사나 경작 같은 일상적인 생활 속에서, 즉 인간과 인
간을 둘러싼 사물들과의 최초의 연결 및 그 행위 속에서 비롯된
것으로 볼 수 있다. 즉 누군가가 개선되고 양육되고 거주할 수 있
게 하는, 그리하여 결과적으로 자연에 구조적으로 맞서도록 하는
것을 의미한다.

한편 문화기술이라는 용어는 19세기 농업공학 분야에서 처음
사용됐다. 농사는 단지 땅을 갈고 씨앗을 뿌리고 추수하는 과정만
으로 이뤄지지 않는다. 거기에는 배수 및 관개, 저수 시설 만들기
와 같은 수문학과 측량술 등 연구와 실행도 포함된다.[151] 따라서 이
는 '문화' 개념이 갖고 있던 농경 기술적 측면의 표현이라 할 수 있
다. 그러나 이후 이는 낡은 개념으로 거의 쓰이지 않은 채 방치돼
있다가 20세기 들어 독일 매체연구론 영역에서 재등장한다. 그 배

---

150   Kramer & Bredekamp(2013), 20-29.
151   Winthrop-Young(2013), 4-5.

경에는 농업이 좀 더 정제되고 생산성이 높은 곡식을 경작하듯이 문화화된 사회는 좀 더 정제되고 생산적인 인간 주체를 만들 수 있다는 생각이 있었다.[152] 또 문해력을 문화기술이라 칭할 수 있는 것은 '읽기'와 '문화' 둘 다 배양될 수 있는 것이고 어떤 특정 주체가 양육 과정에서 정보의 선택, 처리, 재생산 절차를 배움으로써 특정 종류의 사회가 양육됨을 강조하는 의미가 있기 때문이다.[153]

구체적으로 문화기술 개념에 대한 주목은 1980년대 프라이부르크를 중심으로 이뤄졌다. 당시 관련 연구자들의 관심사는 매체보다 더 근원적인 읽기, 쓰기, 산수 및 예술적 능력 등이었다. 그런 움직임은 키틀러를 비롯해 테벨라이트Klaus Theweleit, 슈나이더 Manfred Schneider, 볼츠Norbert Bolz, 존스Raimar Zons, 톨렌Georg-Christoph Tholen, 회리쉬Jochen Hörisch, 하겐Wolfgang Hagen, 로넬Avital Ronell, 지게르트Bernhard Siegert 등의 작업과 관련이 있다.[154] 키틀러는 1970년대 후반과 1980년대 초반 프라이부르크대에서 이 용어를 접하는데 그 경험은 그가 1990년대에 베를린 훔볼트대로 옮긴 뒤에도 지속됐다. 그는 훔볼트대에서 '헤르만 폰 헬름홀츠 문화기술연구소 (Hermann von Helmholtz-Zentrum fur Kulturtechnik, HZK)'의 창립 멤버이자 부국장을 지냈다. 연구소 역시 문화기술을 '읽기, 쓰기, 수학, 음악, 상상력 등과 같은 엄격하고 공식화된 상징적 시스템'으

152　　Geoghegan(2013), 72-73.

153　　Geoghegan(2013), 77.

154　　Siegert(2013), 49.

로 규정하고, 문화기술에 숙달하는 것을 "개인이 의사소통의 전반적인 사회적 과정에 참여할 수 있는 필수조건"[155]으로 간주했다. 키틀러의 '음악과 수학' 프로젝트 역시 HZK의 연구 그룹인 DFG의 '음악과 수학(Musik und Mathematiks)' 프로젝트의 결실이었다.[156]

이처럼 키틀러의 문화연구론은 독일 매체 이론계에서 1990년대에 관심이 촉발된 해당 주제에 대한 연구의 일환으로 형성된 것으로 볼 수 있다. 특히 코호Matthias Koch와 쾰러Christian Köhler는 키틀러의 『기록시스템 1800·1900』이 매체 이론에서 문화기술론으로의 전이를 보여준다고 주장하기도 한다. 그들뿐 아니라 많은 연구자가 동의하듯이, 키틀러는 문학 및 담론 연구에서 매체 연구로, 다시 문화기술론으로 연구 주제를 바꿔왔다고 볼 수 있다. 하지만 그것은 직선적인 사유의 발전이나 변화로 보기보다는 확장으로 보는 것이 더 적합할 것이다. 그의 초창기 문학 연구에서 이미 매체로서의 문자와 글쓰기 같은 문화기술에 대한 언급이 이뤄지고 있기 때문이다. 따라서 그의 사유는 문학과 매체, 문화기술이라는 핵심 연구 영역을 돌고 있음을 알 수 있다.

그렇다면 키틀러를 포함한 독일의 매체 이론가들은 왜 1990년대에 본격적으로 문화기술에 관한 연구를 진행했을까. 먼저 새로운 매체에 대한 관심이 높아지던 시대적 상황을 원인으로 생각할

---

155 Koch & Köhler(2013), 157.

156 Kittler & Ofak(2007), 7.

수 있다. 그 시기에 문화기술이란 뉴미디어적 생태계를 완성하는
데 필요한 기술과 소질을 지칭하는 것이었다. 예컨대 텔레비전을
보려면 특정한 기술적 노하우가 필요한데 단순하게는 텔레비전
켜기와 끄기, 리모콘 사용하는 법 익히기 등이 있다. 더 나아가 정
신적이고 개념적인 기술도 필요한데 텔레비전과 관련된 시청각적
구조 이해하기, 프로그램의 허구성 평가하기, 텔레비전의 내러티
브 포맷과 상호작용하기, 텔레비전 프로그램이 구성하는 메시지를
구별하고 이해하기 등을 포함한다.

디지털 컴퓨터의 등장도 중요한 원인으로 생각할 수 있다. PC
가 일반화되던 시기에 많은 사람이 그에 필요한 기술을 습득하게
됐는데 먼저 타이핑 기술을 들 수 있다. 물론 컴퓨터가 보급되기
전에도 타자기가 많이 쓰였고 많은 사람이 타자기를 다룰 줄 알았
다. 하지만 타자기에서 컴퓨터 자판으로의 전환은 문자 입력을 통
한 기호 조작을 더욱 고도화한다는 중요한 차이점이 있다. 현재 컴
퓨터 자판은 타자기에 비해 압도적으로 많은 사람이 다룰 수 있는
장치가 됐다. 또 프로그램을 짜려면 코드와 같은 기계적 표기 체
계를 이해해야 하고 어셈블리어와 고급 언어 등을 통해 하드웨어
와 직접 소통하는 기술 역시 필요했다. 더 근본적으로는 명령을 내
리는 방식으로 사고하기, 즉 절차적 사고가 새로운 인지 방식으로
자리 잡게 됐다. 이런 인지 방식은 알고리듬적 행위를 구성하기에
이르게 된다. 컴퓨터를 사용하는 사람들은 자신의 행위를 추상화
해 기계가 이해할 수 있는 형식으로 변환해야 하기 때문이다. 그리

고 초창기 컴퓨터는 인터페이스 기술이 충분히 발달하지 않아 명령어를 정확히 타이핑하고 피드백 메시지를 해석하는 해독 기술도 필요했다. 이는 기계언어로 읽고 쓰는 새로운 문해력에 대한 요구라 할 수 있다. 이처럼 텔레비전이나 컴퓨터 같은 새로운 미디어 환경의 등장을 문화기술에 대한 주목의 원인으로 생각할 수 있다.

그런데 문화기술 개념이 좀 더 복잡함을 보여주는 것이 바로 '신체 기술'이다. 프랑스의 민속지학자인 마르셀 모스Marcel Mauss는 일찌감치 하나의 문화가 걷기, 수영하기, 달리기 같은 일상적인 신체적 활동을 조직하는 체계적 방식을 갖고 있음에 주목했다. 그는 1920년대에 뉴욕의 병원에 오래 입원한 경험이 있는데 거기서 재미있는 현상을 발견한다.

> 뉴욕에서 아팠을 때의 일이다. 당시 나는 [병원에서] 간호사들이 걷는 것처럼 소녀들이 걷는 것을 이전에 어디서 봤었는지 궁금했다. (…) 그리고 그것을 영화에서 봤음을 깨달았다. 프랑스로 돌아온 뒤 나는 그 걸음걸이가 특히 파리에서 얼마나 흔한지 목격했다. 미국식으로 걷는 방식이 영화 덕분에 이곳에 도착하게 된 것이다.[157]

모스는 신체 기술 연구를 통해 인간의 걷는 방식 같은 기본 동

---

157 Mauss(1973), 72.

작들이 계속 변화할 뿐 아니라 그 새로운 방식이 영화와 같은 대중매체를 통해 확산됨을 보여준다. 영화 기술 자체가 인간의 움직임을 분석한 사진 연구에서 시작됐음을 생각하면 이는 적절한 포착으로 보인다. 크로노포토그래피의 창시자인 에티엔쥘 마레 Étienne-Jules Marey는 인간의 걷기나 달리기 같은 신체적 움직임을 분절해 이를 상세히 연구하고 더 나아가 그것을 일종의 상징 체계로 만들려고 했다. 그런 점에서 인간의 신체 기술 역시 문화기술과 밀접한 관계가 있을 뿐 아니라 그 자체로 문화기술이 될 수 있음을 알 수 있다.

정리하자면 문화기술이란 '재배', '경작', '사육' 등 '농경'과 관련한 기술을 의미하는 개념에서 시작해 현재는 글쓰기, 숫자 다루는 기술, 악기 다루는 기술, 매체를 다루는 기술 등을 폭넓게 의미하는 용어로 이해된다. 그 밖에도 그리기, 측정하기, 지도 그리기, 시간 측정하기 등도 포함한다. 이 기술들은 기호를 가능하게 하는 기호 이전의 조작 체계들이며 신체의 움직임과도 긴밀한 관계를 갖는다. 타자기와 컴퓨터 자판은 얼핏 보면 비슷해 보이지만 매우 다른 장치이고 그것은 글쓰기 방식을 바꾸는 세기가 됐다. 글쓰기의 결과물인 텍스트만이 아니라 직접적인 수행 행동인 글을 쓰는 방식을 바꾸었다는 말이다. 그 외에도 우리가 유선 전화기와 무선 전화기를 사용할 때 손의 자세와 손과 입의 관계가 달라지는 점이나, 메일이나 카카오톡 메시지를 보낼 때 문장 구성만 달라지는 것이 아니라 그 문장을 입력하는 동작 역시 모두 조금씩 달라지는 점도

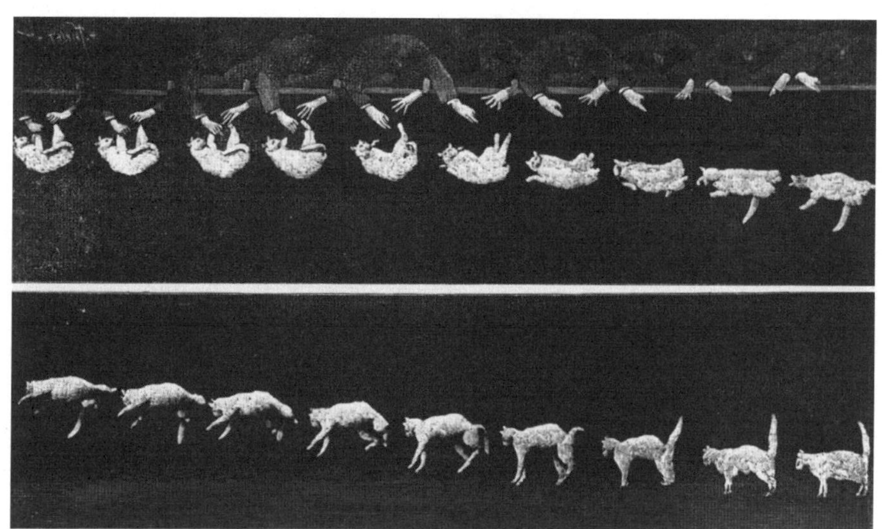

1894년 에티엔쥘 마레가 크로노포토그래프로 찍은 떨어지는 고양이가 착지하는 모습. 몇 미터 높이에서 고양이를 떨어뜨리면 늘 발을 땅에 딛는 자세로 착지함을 확인하는 실험이었다. 마레는 초당 12장의 연속 촬영이 가능한 카메라를 조립했는데, 카메라는 탄창이 달린 짧은 총신의 산탄총과 비슷했다.

아래 사진: 1882년 나폴리에서 마치 총을 겨누듯 카메라를 든 마레.

생각해볼 수 있다. 이처럼 문화기술은 매체보다도 더 근원적이고 더 앞서 있으면서 인간의 문화는 물론 인간 자체도 가능하게 하는 기술이다.

키틀러는 글쓰기 도구가 우리의 사유에 영향을 미친다는 니체의 주장에 깊이 공감한다. 그는 미디어는 기록과 저장, 전송 기술로서 인간의 사고와 문화를 구축한다고 보았다. 기술적 의미에서의 글쓰기는 언제나 의미의 기록보다 먼저 존재한다. 그리고 그것이 주체를 형성한다. 따라서 인간 주체는 자율적 존재가 아니라 기술적인 글쓰기 체계, 즉 매체의 산물이라 할 수 있다. 그리고 문화기술은 그런 인간 주체 이전에 기호를 기록하는 기술 조건을 구성하는 도구와 연관되어 비-인간적 차원에서 작동한다고 볼 수 있다. 그것은 인간의 문화는 물론 '인간' 자체를 가능케 하는, 선행적으로 존재하는 글쓰기, 측정, 분석, 분류 등의 기술적 조건들이다.

이를 보면 키틀러가 디지털 매체의 도래로 매체의 역사는 끝났다고 선언한 뒤 본격적으로 문화기술 연구에 천착한 이유를 짐작할 수 있다. 문화기술은 매체를 가능하게 하는 더 근원적인 기술이자 그 조건 자체이기 때문이다. 그는 문자 매체, 아날로그 매체, 디지털 매체 등에 대한 분석을 진행하는 동안 개별적인 기술 매체들의 등장과 쇠퇴, 융합의 기저에는 더 본래적이고 근원적인 기술적 흐름이 면면히 이어지고 있음을 인식하고 그 흐름 자체를 드러내려는 작업을 문화기술 연구를 통해 진행했다. 특히 문화기술의 재귀성은 그것이 매체의 아프리오리로 작용함을 보여준다.

매체의 아프리오리로서 문화기술

글쓰기와 읽기, 드로잉, 계산하기, 음악 만들기 같은 문화기술들은 언제나 그들로부터 발생하는 개념들보다 더 오래됐다. 사람들은 글쓰기나 알파벳을 개념화하기 훨씬 전부터 글을 썼다. 또 그림과 조각상이 이미지 개념을 불러오기까지는 천 년의 시간이 걸렸다. 오늘날에도 사람들은 음조나 악보 체계에 대해 아무것도 모르는 채 노래하거나 음악을 만든다. 계산하기 역시 숫자 개념들보다 오래됐다.[158] 마찬가지로 수학은 숫자에 대한 개념에서 시작된 것이 아니라 일상적인 계산 행위에서 시작됐다. 지게르트 역시 "문화기술의 개념은 그들에 의해 생산되는 매체 개념들을 역사적으로 그리고 논리적으로 앞서는 작동이나 작동의 연속을 강조한다"[159]고 말한다. 즉 문화기술은 매체가 무엇을 하고, 무엇을 생산하고, 어떤 종류의 행동을 촉발하는지 서술한다고 볼 수 있다.

비스만Cornelia Vismann의 주장에 따르면 가장 기본적이고 오래된 문화기술은 쟁기로 땅에 선을 긋는 행위다. 사람들은 그 행위를 반복함으로써 농사를 지을 뿐 아니라 땅의 소유권도 주장한다. 비스만은 위대한 로마제국 역시 이런 선 긋기에서 시작됐고 그 행위가 없었다면 제국은 그 소유권을 주장하지 못했을 것이라 말한다. 이 주장은 흥미롭다. 왜냐하면 토지든 국가든 무언가에 대한 소유

---

158   Winthrop-Young(2013), 5.

159   Siegert(2013), 15.

권을 주장할 수 있는 것은 인간 주체이고 그 소유권은 법적 토대 위에서 보장받는다는 생각을 뒤집기 때문이다. 토지 소유자와 소유권에 대한 개념은 쟁기로 땅에 선을 긋는 반복적인 행위 속에서 발생한 것이지 그런 개념하에서 땅에 선을 긋는 행위가 일어난 것은 아니다. 따라서 "문화기술의 작동은 법에 따라 자율적으로 행위하는 사람들의 그 행위 전체 과정을 실질적으로 결정한다."[160]

또 문화기술은 사물들과의 관계 속에서 발생하되 인간이 그 관계를 전적으로 지배하거나 결정하는 것은 아님을 보여준다. 우리는 일상에서 많은 사물을 도구로 사용한다. 예컨대 컴퓨터를 통해 다양한 작업을 하고 있지만 그 작업을 하기 위해선 일단 컴퓨터를 다룰 기술을 익혀야 한다. 그렇게 컴퓨터 사용법을 알고 난 뒤에도 우리는 컴퓨터의 조건을 늘 파악하며 작업해야 할 뿐 아니라 크고 작은 문제를 일으키는 그 장치 때문에 골머리를 앓기도 한다. 더 오래된 예를 들어보자. 우리가 수영할 때 그것은 물과 몸의 관계 맺기 속에서 가능할 뿐이지 잘한다고 해서 우리의 몸이 물을 전적으로 지배함을 의미하지는 않는다. 우리의 몸은 물의 조건에 맞춰 나가는 방식을 터득했을 뿐이며 그것이 수영이다. 쟁기질이든 수영이든 컴퓨터 사용이든 우리는 사물들을 특정한 목적을 위해 이용하나 그것을 전적으로 지배하지는 않는다. 따라서 "문화기술에 대해 알아보는 것은 주체의 영역에서의 실행 가능성, 성공, 어떤

---

160   Vismann(2013), 84.

개선·발전의 기회나 위험 등에 대해 묻는 것이 아니다. 그것은 매체와 사물의 자기운영 혹은 자동적 실행에 대해 묻는 것이며 그것이 주체의 행위 영역의 범위를 결정한다."[161]

이처럼 문화기술 연구는 사물들의 '자동적 실행'을 중시하고 그때 사물과 매체, 문화기술 자체의 관계는 상호의존적인 것이 된다. 사물과 매체도 스스로 '행위자'로 기능하며 그때 사물과 매체는 인간 주체에 봉사하는 대상이나 수단이라는 한계에서 자유롭게 된다. "물속의 몸이든 창이든 컴퓨터든 또는 문이나 테이블과 같은 건축 대상이든, 모든 매체와 사물은 그들 자체의 실행 규칙을 제공한다. (…) 그것은 개별적 수행자로부터 독립된 행동이다."[162] 따라서 문화기술에 대한 연구는 인간 주체가 많은 비-인간적 타자와 관계를 맺는 과정이나 이를 통한 행위 속에서 늘 능동적이고 주도적인 위치에 있는 것은 아님을 보여준다.

매체와 문화기술의 관계를 보여주는 구체적 사례를 생각해보자면 '책'과 '글쓰기'를 예로 들 수 있다. 책은 중요한 매체다. 그리고 문자라는 또 다른 매체로 이뤄져 있다. 그런데 책은 물론이고 문자를 매체로 작동할 수 있게 하는 것은 문화기술인 글쓰기가 있기 때문이다. 그런 관점에서 매클루언이 말한 "모든 미디어의 내용은 언제나 또 다른 미디어"[163]라는 말의 의미를 이해할 수 있다. 즉

---

161 Vismann(2013), 84.

162 Vismann(2013), 87.

163 McLuhan(1964/2002), 36.

글쓰기 행위 및 기술 자체는 매체가 아니지만 매체를 가능하게 하는 전제 조건이 된다. 그리고 세상에는 수많은 방식의 글쓰기가 존재하는데 그 모든 것이 글쓰기로 통칭되고 여기에는 전자적 글쓰기인 '프로그래밍'도 포함될 수 있다. 프로그래밍 같은 새로운 글쓰기는 디지털 매체가 등장했기 때문에 가능하다고 볼 수 있지만, 그와 반대로 인간에게 글쓰기라는 문화기술이 있었기에 프로그램이라는 것이 기계어를 이용한 글쓰기 방식으로 구성됐다고 볼 수도 있다. 따라서 글쓰기는 책이나 문자, 심지어 소프트웨어에 대해서도 그 아프리오리(a priori)로서 문화기술이라 할 수 있다. 여기서 아프리오리의 의미는 매체를 가능하게 하는 전제 조건으로서 그 역시 기술적 성격을 지닌 행위 일체를 지칭한다. 본래 아프리오리란 '선험적'이라는 의미로 쓰이나 문화기술을 논의할 때는 인간의 행위로서의 글쓰기, 계산하기, 드로잉하기 등이 책이나 컴퓨터, 영화 같은 개별적 매체가 등장하기 이전에 이미 존재했음을, 더 나아가 그런 개별적 매체를 가능하게 하는 조건이 되고 있음을 강조하는 의미로 쓰고 있다.

키틀러의 '기록시스템 1800'과 '기록시스템 1900'도 매체와 글쓰기의 관계를 잘 보여준다. 두 기록시스템은 두 시대의 '말하기', '읽기', '듣기', '글쓰기' 방식이 어떻게 달라지는지를 보여준다. '글쓰기' 기술을 중심으로 살펴보자면, 1800년경의 글쓰기에서 중요한 변화는 슈테파니가 출간한 『초등학교용 생성적 글쓰기 교습법에 대한 상세한 기술』에서 살펴볼 수 있는데, 그것은 "임의적인 모방에 그쳤던 낡은 문화기술을 심리적으로 동기 부여된 자기주도 활동으로 변환하려 한다"[164]는 평가를 받았다. 기존의 글쓰기 교육이 학생들에게 성경 구절이나 등장인물 이름, 주요 장소명 등을 계속 베껴 쓰도록 해 기계적인 숙련성을 익히게끔 했다면 슈테파니의 새로운 글쓰기 기술은 이를 내면화해 예시문이 없어도 훌륭하게 글을 쓸 수 있게 하는 것을 목적으로 했기 때문이다.『황금항아리』의 주인공 안젤무스가 받은 산스크리트어 과제도 당시의 문자에 대한 이해가 소설의 배경에 깔려 있음을 보여준다. 그 기호들은 글쓰기의 시작을 형상화한다. "글쓰기의 신비로운 시작을 나타내는 이 원형적 글은 (아직) 글이 아니다."[165] 원형적 글이라는 개념은 인간을 자연과 연결한다. 낭만주의 시대엔 음성언어가 그랬듯 문자 역시 자연과 연결된 근원 문자에서 비롯된 것으로 이해됐기에 글을 쓰는 기술적 방식도 그 이전과는 달라진 것이다.

반면에 기록시스템 1900의 글쓰기는 전혀 다른 양상으로 변한다. 이 시대에는 문자 역시 정신물리학적 연구 대상이 된다. 따라서 당시의 새로운 글쓰기 기술은 "문자 각각의 특징을 극대화하고 서로 다른 문자들 간의 차이를 강조한다. (…) 엔지니어 시대에 이르러, 식물 또는 원형적 글이 성장하는 방식은 부품을 조립하는 방식으로 대체된다."[166] 그리고 이런 부품 조립 방식의 글쓰기는 타자

---

164   Kittler(1985/2015), 141.
165   Kittler(1985/2015), 147.
166   Kittler(1985/2015), 447-448.

기를 통해 구현된다.

이처럼 손글씨와 타자기라는 매체 기술의 변화 이면에는 두 시대의 글쓰기 기술의 차이가 있었음을 알 수 있다. 그것은 정보 생산과 저장, 재생에 변화가 일어났음을 보여준다. 또 그 결과로 달라지는 것은 두 시대의 문학이다. 즉 문학은 말하기, 듣기, 읽기, 쓰기라는 문화기술 위에서 이뤄지며 문화기술이 달라지면 문학도 달라진다.[167] 이런 관점에서 보게 되면 문학이나 예술 작품의 생산 주체라 할 작가의 권위는 무너진다. 생산자로서 강력한 주체로 여겨지던 작가가 매우 사소해 보이는 변화, 즉 서체 변화나 글쓰기 교육 방법 등의 변화에 영향을 받는다는 것이 드러나기 때문이다. 문학은 대수롭지 않아 보이는 문화기술의 변화 속에서 함께 달라진다. 작품은 작가의 독자적 산물이 아니라 문화기술 및 문화기술을 이루는 사물들과의 상호관계 속에서 형성되는 산물이라 할 수 있다. 이처럼 문화기술 연구는 자주권(sovereignty)을 가진 주체 개념의 허구성, 입법자이자 선동자로서의 주체라는 신화의 허구성을 보여줌으로써 이 모든 것을 가능하게 한 기술로 되돌아가는 과정을 추적한다.[168]

---

167   Koch & Köhler(2013), 161.

168   Vismann(2013), 88.

그리스 최초의 문화기술, 음악과 모음 알파벳

키틀러는 고대 그리스 시대를 원형적이면서도 이상적인 문화기술의 시대로 본다. 그것은 호메로스와 사포의 시, 피타고라스의 수학적 사상이 지배했던 세계다. 또 인간이 신들의 사랑을 모방하는 태고의 아프로디테적 세계였다. 하지만 이후 그리스는 남근 숭배적 분위기와 이성애적 활기를 대신해 동성애와 소년애를 중시하는 에로스적 세계로 대체된다. 이는 언어가 도취를 대신하는 쇠퇴의 시대이자 니체가 말한바 "최초의 데카당이었던 소크라테스의 등장"[169]으로 상징화된다. 이런 키틀러의 '친그리스적 환상'은 유럽의 순수한 어린 시절에 대한 동경으로도 해석할 수 있는데 그것은 재귀적으로 사용됐던 알파벳 체계를 이용해 예술의 감각성이 수학적 토대 위에서 기록되는 과정에서 드러난다.

키틀러가 그리스 문화기술의 구성과 발전 과정에서 중요한 계기로 보는 것은 알파벳의 도입과 모음의 개발이었다. 그는 이를 그리스인들이 이미 갖고 있는 문화기술이던 음악 그리고 육보격 시를 짓는 능력과 관련해 설명한다. 그리스인들은 기원전 8세기 무렵 페니키아로부터 셈어 계열인 알파벳을 도입했다. 알파벳의 도래 이유에 대해 기존의 학계는 미노스 문명이 멸망한 뒤 오랜 기간 문맹의 시기가 이어지다가 그리스인들이 다시 도시를 건설하고 대양을 항해하기 시작한 즈음인 기원전 8세기에 이르러 문자에

---

169   Winthrop-Young(2011), 106.

대한 필요성이 다시 생겼기 때문이라고 주장한다. 즉 무역이나 거래를 위한 수단으로 알파벳이 사용됐다는 것이다. 하지만 키틀러는 이런 주장을 비판한다. 그 결정적 이유로는 알파벳으로 기록된 가장 오래된 문헌들이 서사시적이고 호메로스적인 어휘를 보여준다는 점이다. 따라서 "그리스 문자의 시초가 어떤 경제적인 목적의 결과였던 것일 수는 없다."[170]

페니키아어는 물론 고대 히브리어 등 당시 셈어 계열의 언어들엔 모음이 없었는데, 그 문자들은 자음에 기초해 특별히 모음 부호에 대한 필요성을 느끼지 않았다. 그러나 그리스인들은 알파벳을 받아들여서 그냥 사용한 것이 아니라 중요한 변조를 가했으니 바로 '모음의 도입'이었다. 모음 알파벳 개발에 대한 가장 설득력 있는 견해로는 인도유럽어에 속하는 그리스어가 의미 변화를 지시할 때 모음 소리를 폭넓게 사용했다는 점을 들 수 있다. 즉 모음이 없거나 부족한 부호 체계로는 그들의 언어를 충분히 표기할 수 없었다. 하지만 무역이나 거래에 필요한 자료를 만들기 위해 반드시 입에서 나는 모든 소리를 기록해야 할 필요는 없을 것이다.

키틀러는 모음의 개발을 호메로스의 서사시 『일리아드』와 『오디세이』를 기록하기 위해서라고 본다.[171] 그리스인들의 풍부한 발성은 육보격을 발달시켰고 호메로스의 서사시 역시 육보격으로

---

170 Kittler(2006/2019), 159.

171 Kittler(2013a), 259.

구성됐다. 육보격 시행은 그리스 시 형식으로 가장 오래된 것이고 그리스어와 라틴어로 쓴 서사시와 교훈시에서 가장 많이 쓰이던 압운이다. 하지만 셈어나 이집트의 히에로글리프, 미노아 선형문자 B 등은 이를 기록할 수 없었다. 이처럼 시, 특히 호메로스의 육보격을 기록하기 위해 새로운 알파벳이 개발됐다는 주장은 배리 파월Barry Powell이나 H. T. 웨이드게리H. T. Wade-Gery 등 여러 이론가에 의해 제시되어 정설로 받아들여지고 있다.[172]

키틀러는 『음악과 수학: 제1부 헬라스 제1권 아프로디테』의 전반부에서 『오디세이』가 어떻게 구성됐는지 서술하는데 그 과정에서 세이렌, 아프로디테, 무사 여신들의 중요성이 드러난다. 트로이 전쟁이 끝난 뒤 오디세우스는 길을 잃고 헤매던 중 여신 키르케를 만나서 고향으로 가는 길을 묻는다. 여신은 길을 알려주며 그 방향에는 세이렌의 섬이 있으니 섬과 노랫소리를 피해야 한다고 조언한다.

우리는 신화를 통해 세이렌이 세 명의 여신이고 아름다운 목소리로 노래를 불러 뱃사람들을 홀린 다음 배가 해안 절벽에 부딪혀 부서지게 만드는 무시무시한 괴물임을 안다. 그러나 호메로스의 서사시에서 세이렌의 정확한 수는 언급되지 않는다. 다만 세이렌의 복수형인 '세이레네스'로 표기돼 있어 그것이 한 명 이상임을 알릴 뿐이다. 키틀러는 일반적 해석과 달리 세이렌은 둘이라고 주

장한다. 세이렌은 노래만이 아니라 바람과 파도를 잠재우는 마법을 부리는 존재들로 목구멍과 혀, 입술 등을 높은음으로 조율해 노래가 더 밝게 울리도록 한다. 그들의 노래는 모든 전설에서 처음으로 음(Ton)이라는 단어가 나오도록 했으니 그것이 음악의 시작이다.[173] 세이렌은 단순한 괴물이 아니었다. 그들은 오디세우스가 귀향길에 만났던 이들 중 그의 이름을 알고 있는 유일한 존재였고 그리스와 트로이 사이에 일어난 모든 사건을 알았다. 그들은 과거와 현재, 미래, 즉 세상에서 일어나는 모든 일을 아는 존재로 "신들의 이야기를 하기에 진실만을 말한다."[174]

그런데 그리스인들에게 『일리아드』와 『오디세이』는 왜 그렇게 중요했을까. 『일리아드』는 말 그대로 전쟁의 끔찍함과 폭력성을 그리고 있다. 그것은 파괴와 혼돈을 일으키는 강력한 신들의 힘 자체다. 그리고 『오디세이』는 전쟁이 끝난 뒤 소수의 생존자가 고향으로 돌아가려는 여정에서 마주치는 파괴와 혼돈 이후의 재생의 힘, 즉 노래와 춤, 사랑을 보여준다. 특히 오디세우스가 하데스의 지하 세계를 방문했을 때 전쟁으로 아버지와 남편, 자식을 잃은 여인들의 혼령 무리를 만나기도 하는데 그 여인들의 통곡과 한은 슬프고도 깊다. 무엇보다 전쟁과 사랑이라는 그 모든 것을 주재한 것은 인간이 아니라 불멸의 존재인 신들이다. 불화의 사과에서 시작

---

173   Kittler(2006/2019), 70
174   Kittler(2006/2019), 74

된 신들의 싸움이 인간계에 엄청난 재앙으로 밀어닥쳤다. 신들은 마치 인간처럼 두 편으로 나뉘어 치열하게 싸우고, 그 결과 인간들은 아킬레우스 같은 맹장조차 죽음을 피할 수 없고 오디세우스와 같은 약삭빠르고 운 좋은 자만이 간신히 살아남는 기나긴 전쟁을 겪어야 했다. 그것은 인간의 모든 것을 빼앗아가는 신들의 장난이었다. 인간의 운명은 신들의 변덕에 좌우된다. 따라서 "인간들은 신들을 기쁘게 하려고 노래한다."[175]

또 신들과 인간의 복잡한 사건들, 영웅들의 삶과 죽음, 수많은 지역의 명칭과 배의 종류, 노 젓는 방식부터 갑옷에 새겨진 문양에 대한 상세한 묘사 등 다양한 내용으로 이뤄진 기나긴 서사시 『일리아드』와 『오디세이』는 당시 사람들에게 앎의 모든 것을 모아둔 자료이자 인생에 대한 가르침을 얻을 수 있는 지침이었다. 그리스인들에게 이들 서사시는 가장 중요한 지식과 정보의 보고였다.

그 서사시를 구성하고 암송하기 위해 필요했던 것이 음악이었다. 그것은 신에게서 비롯해 인간이 모방한 최초의 예술이었다. 세이렌의 노래는 매우 아름다울 뿐 아니라 멀리까지도 또렷이 들렸는데 그것은 세이렌들이 하나의 목소리를 두 개의 입에서 부르는, 옥타브를 이뤘기 때문이다. 그것이 바로 화음, 하모니였다. 따라서 키틀러는 세이렌을 무사 여신들과 같이 세상의 모든 것을 알고 기억하는 존재이자 그 기억을 사람들에게 상기시키는, 지식과 예술

---

175   Kittler(2013a), 259.

적 영감의 근원적 존재로 본다.

그리고 오디세우스의 모험이 끝난 뒤 그가 겪은 모든 이야기가 어떻게 가인의 입을 통해 사람들에게 전해지는가가 중요하다. 가인은 풍문일 뿐이던 트로이의 멸망과 오디세우스의 귀향을 세이렌들처럼 아름다운 말과 울림으로 바꾸기 위해 무사에게 간청한다. 육각운은 가인이 무사에게 자신에게 임해 줄 것을 간청하는 시적 형식으로서 그리스인들의 귀에는 매우 강렬하게 들리는 압운이었다. 이것은 태고의 무당이 마법을 거는 것이며 올림포스의 무사들을 자신에게로 불러내는 것이다.[176] 이처럼 세이렌과 아프로디테, 무사 같은 신들은 신화적 존재에 머물지 않고 음악과 성적 매혹, 지식의 기원과 연결된다.

키틀러는 밭 갈기나 베 짜기와 같은 힘들고 지루한 반복적인 노동 행위에서 문화기술이 시작됐다고 보지 않는다. 노래와 악기 연주, 즉 음악이 그리스인들 최초의 문화기술이었다. 또 세이렌이 노래했던 하모니는 그리스인들에게 매우 중요한 개념이자 음악의 본질이었다. 그것은 신들, 즉 우주와의 합일 그 자체였다. 하모니, 즉 여신 하르모니아는 그 유명한 '신들의 동침'의 산물이다.

아프로디테와 아레스의 동침 사실을 알게 된 헤파이스토스는 거미줄처럼 가늘게 짠 그물로 그 연인을 붙잡아 모든 신들 앞에 보임으로써 망신을 준다. 그런데 헤파이스토스는 이처럼 사랑과

---

176   Kittler(2006/2019), 132.

전쟁이라는 '상반된 것'을 묶음으로써 하르모니아의 탄생을 가능케 했다. 또 헤르메스는 아레스보다 세 배 강하게 포박되더라도 아프로디테 곁에 눕고 싶다고 말하는데, 아프로디테에 대한 헤르메스의 욕망은 신들의 동침이 재귀적으로 반복됨을 보여준다. 아프로디테는 이성애적이고 육체적인 사랑을 상징하기에 신들의 동침과 그 미메시스는 아프로디테 찬양으로 귀결된다. 따라서 "제우스와 헤라, 아레스와 아프로디테, 그리고 반복 자체에 대한 헤르메스의 소원에 이르는 반복들의 사슬이 마법을 걸어 사랑을 노래로 만든다."[177] 동침하는 신들이 없다면 인간도 없고 동침하는 부모가 없다면 아이도 없다. 그것은 인간 존재의 가장 근원적이고 단순한 이유이며 인류는 그 반복 속에서 존속한다.

그리스인들은 신들에 대한 찬미를 기록하기 위해 모음을 개발했다. 또 그들의 축제와 삶에는 노래와 악기 연주, 춤이 함께했다. 그것이 고대 그리스인들의 가장 중요한 문화기술이었고 문자는 전설과 축제와 잔치에서 말하고 노래하고 찬양하는 것을 기록했다. 기록된 알파벳은 음악처럼 읽힌다. 사람들은 문자에서 소리를 듣는다. 세이렌이 자신의 목소리를 직접 사람들에게 들려주었다면 사포와 같은 시인들은 이제 문자로 자신의 목소리를 전한다.

---

177   Kittler(2006/2019), 183.

문자와 숫자, 음표의 재귀적 기호 체계

키틀러가 컴퓨터의 등장으로 매체의 역사가 끝났다고 선언한 것은 분명히 의미가 있다. 그는 디지털 기술의 0과 1의 이진법 기계어를 토대로 해 이미지와 소리, 텍스트 등으로 다양하게 표현되는 특성을 '디지털성(digitality)'이라 정의한다. 컴퓨터는 보편적 언어로 작동하는 보편적 매체다. 또 보편적 언어 개념과 보편적 기계 사이의 밀접한 작동 관계라는 디지털 매체의 본질적인 특성은 그의 그리스 연구에서 매우 중요하다. 그리스의 모음 알파벳은 전前 기계적 단계에서 나타난 보편적 기호 체계이자 최초로 디지털성을 보여주는 예시라 할 수 있는데 그것은 육각운 시의 기록 매체로만 그치지 않은 그리스 알파벳의 이후 역사와 관련된다.

오디세우스의 모험은 당시 그리스인들에게 이탈리아의 존재를 알리는 계기가 됐다. 이후 그리스인들은 이탈리아 남부 지역으로 이주해 여러 도시를 세우는데 대표적인 곳이 크로톤, 메타폰티온, 타라스다. 그 지역은 피타고라스 이후 대大그리스로 불리는데 로마에 의해 파괴되기 전까지 매우 융성했다.

대그리스인은 기원전 6세기경(BC 580~570년)부터 알파벳을 숫자로 사용했다. 알파벳 문자는 유한한 개수를 갖고 있고 고정된 순서로 나열된다. 그렇게 수적 위치로 사용하기에 용이했기에 그리스인들은 그로써 문자-숫자 표기 체계를 구축한다. 예컨대 A(알파, 소문자는 α)는 첫 번째 알파벳으로 숫자 1을 나타낸다. B(베타, 소문자는 β)는 2를, Γ(감마, 소문자는 γ)는 3을 나타낸다. 이처럼 처음 아홉 글자는 1부터 9까지를 나타내고, 두 번째 아홉 글자들은 10단위를, 세 번째 아홉 글자들은 100단위를 나타낸다. 따라서 1부터 999까지의 숫자를 세 단위로 표기할 수 있었는데 알파벳 24개로는 3×9의 27개 종류의 숫자 집합을 모두 표기하기 부족해 F(디감마, 소문자는 ϝ, 6으로 사용), Ϙ(코파, 소문자는 ϙ, 90으로 사용), ϡ(삼피, 900으로 사용)라는 세 개의 문자를 추가한다.

키틀러는 이렇게 문자 체계가 숫자 체계로도 사용된 것을 높이 평가한다. "모든 문자 역사상 최초로 기호 집합 하나가 자기 자신에게로 몸을 굽혔다. 즉 재코드화됐다."[178] 이는 단순한 다중 사용이 아니라 형식적 규칙 하나가 다른 코드 체계에서도 적용되는 논리적 확장이었다.

알파벳 숫자 체계가 등장한 지 두 세대 정도 지나고 사모스섬에서 출생한 피타고라스는 '존재론적 질문'을 처음 던진 인물이었다. 철학은 이후 '~은(는) 무엇인가?'라는 존재론적 질문을 계속하고 그런 질문이 철학을 가능케 했다. 그는 또 시간 순서에 따른 문자 기록을 본격적으로 시작한 인물이기도 하다. 키틀러는 피타고라스의 기록 작업에 대해 필멸자의 한계를 넘으려는 시도로 이해한다. 신들은 불멸하는 존재이고 모든 것을 기억하기에 기록이 필요 없다. 그러나 피타고라스가 "사라지려는 것을 쓰기 시작하지 않았더라면 (…) 우리가 음악에 대해 아는 것이란 아무것도 없었을

178　Kittler(2006/2019), 301.

것이다."[179]

무엇보다도 중요한 피타고라스의 업적은 음악에서 수학을 보고 그것을 이론으로 구축한 것이다. 또 피타고라스 학파는 현의 길이 분할에서 다양한 수학적 비율을 보고 그 모든 분할을 알고리듬적으로 산출했다. 즉 음악을 귀로만 듣지 않고 화성의 비율에 따라 이를 측정함으로써 화성학의 등장을 가능하게 했다. 예컨대 피타고라스가 돌멩이를 바닥에 놓으며 제자에게 수들 사이의 비율을 보여주었을 때 1+2+3+4=10이라는 테트락티스가 나타난다. "델포이에서 속삭이는 것이 무엇이냐? 테트락티스다. 이것은 바로 하르모니아와 같으며, 이 안에서 (두) 세이렌이 (노래한다)."[180] 이처럼 피타고라스의 사상은 조화, 하르모니아를 중시함으로써 호메로스의 서사시적 과거와 이어진다.

피타고라스 학파가 활동하던 시기 중 핀다로스와 에우리피데스 사이 언젠가에 그리스 알파벳은 음표도 표기할 수 있게끔 확장된다.[181] 그 전환은 인간의 입과 악기에서 탄생함과 동시에 사라져버릴 음악을 기록으로 존속되게 했다. 또 알파벳이 문자와 숫자에 이어 음표까지 기록함으로써 당시 존재하는 모든 기호가 하나의 체계로 통합되는 순간이었다.

『음악과 수학: 제1부 헬라스 제1권 아프로디테』는 최후의 피타

---

179   Kittler(2006/2019), 325.
180   Kittler(2006/2019), 338.
181   Kittler(2006/2019), 420.

고라스주의자이자 그 완성을 이룬 인물인 아르키타스로 끝난다. 플라톤과 동시대인이지만 좀 더 연장자로 추정되는 그는 대그리스의 마지막 도시 타라스의 정치인이자 군인이었으며 역사상 최초의 기술공학자였다. 키틀러는 아르키타스에게서 알베르티와 브루넬레스키, 뒤러 같은 르네상스 시대 예술 공학자들의 원형을 본다.

그런데 피타고라스적 사상은 대그리스의 멸망과 더불어 헤게모니를 잃게 된다. 키틀러는 이를 아르키타스와 플라톤의 경쟁을 통해 보여준다. 스파르타의 아르키다모스 왕은 아르키타스와 플라톤 둘 다를 고용하는데 플라톤은 철학을, 아르키타스는 과학과 공학을 제공했다. 그 결과는 우리 모두가 알다시피 플라톤의 승리로 끝난다. 이제 수가 존재하는 방식은 더 이상 미메시스가 아니게 되고 하늘에서 음악과 수학은 지워진다. 음악 없는 코스모스가 시작된 것이다. 그 후 "우리의 춤, 원무, 사랑의 밤들을 위한 이유가 더 이상 없게 된다. 심지어 이것들의 수수께끼를 기록할 이유도 없게 된다."[182] 아르키타스 이후 수학적 사유, 수적 사고방식은 서구의 철학과 인문학에서 오랜 시간 변방에 머무르게 된다.

---

[182]   Kittler(2006/2019), 479.

서양 음악학의 시조라 불리는 피타고라스를 자세히 다루고 있는 프란치노 가푸리오의 『음악 이론』(1492). 망치의 무게에 따라 달라지는 음정을 깨닫는 장면과, 벨의 크기, 컵에 담은 물의 양, 현과 피리의 길이 등을 수학적 비율에 따라 달리함으로써 음정을 파악하는 모습을 그렸다.

수학적 사유의 귀환과 문화기술 연구의 의미

키틀러는 그리스 알파벳의 재귀적 특성에 매료됐다. 재귀적인 것은 단순한 반복이나 변증법적인 변화와는 다르다. 그것은 기술 체계 내의 자기참조적 반복으로 기술 자체의 특성에서 비롯되므로 비의식적이고 비-인간적인 과정이다. 그것은 인간의 의도나 목적이 아니라 기술 체계 내부에서 작동한다. 그렇게 그리스 알파벳은 디지털 기술이 보여주는 형식 논리와 알고리듬적 특성을 선취하고 있다.

키틀러는 특히 음악과 수학의 만남을 중시하는데, 예컨대 리라는 단순한 악기나 도구가 아니라 수학을 감각의 영역과 연결하는 마법적 사물이었다. 그리스인들은 리라를 연주하거나 감상할 때 현 길이의 비율이 어떻게 음의 관계를 형성하는지 알았다. 연주자는 알파벳을 보며 소리를 듣고 그 소리를 수학적 비율로 현 위에서 실현했다. 감각이 수학을 통해 문자로 구현된 것이다. 그리고 그런 알파벳의 재귀적 코딩은 추상적인 것이 아니라 사람들의 악기나 도구들과의 네트워크 속에서 지속적으로 발생하고 또 피드백됐다. 그것은 인간의 행위와 감각적 영역 내에서 구체적으로 일어나는 사건이자 상황이었다. 그리스 알파벳의 그런 특성은 기술과 예술의 이상적 관계를 보여준다.

서구 문화의 시원이었던 고대 그리스는 이후 쇠락의 길을 걷는다. 플라톤의 『향연』이 그것을 보여준다. 『향연』에서 가장 중요한 부분은 흔히 여섯 명의 참석자 중 한 명인 소크라테스가 피력하는

'에로스에 대한 견해'라고 평가되는데, 소크라테스는 그 술자리에서 유일하게 취하지도 잠들지도 않는 인물로서 '철학적 이성' 자체를 상징한다. 따라서 소크라테스를 주인공으로 하는 『향연』은 유럽이 어떻게 '사랑'을 망각하고 '사랑에 대한 지식'만을 갖게 됐는지 보여준다. 또 아프로디테는 에로스에 선행한다. 즉 욕망을 의미하는 에로스 이전에 성적 생식력 자체인 아프로디테가 먼저 있었지만 '향연'의 출연자들은 누구도 아프로디테에 대해 말하지 않는다. 그들이 보여주는 욕망, 즉 에로스에 대한 철학적 축하는 신들이 축하했던 아프로디테 탄생에 대한 망각이다.

키틀러는 소크라테스와 플라톤 이후 서구 사유에서 망각된 '수학적 사유'가 튜링의 장치와 더불어 귀환했다고 본다. 이처럼 수학적 사유를 중시하는 키틀러의 관점은 1920년대 펼쳐졌던 수학의 '근본 논쟁(Grundlagenstreit)'에 대한 견해에서 잘 드러난다. '근본 논쟁'은 네덜란드 수학자 브라우어르Luitzen Brouwer의 직관주의, 즉 수학이란 자명한 법칙에 의해 지배되는 정신적 구성물의 공식화라는 개념과 독일 수학자 다비드 힐베르트의 형식주의적 접근이 맞붙었던 논쟁이다. 이 논쟁의 쟁점은 숫자가 우리 정신 속에 존재하는지, 아니면 종이 위에 있는지, 즉 기호와 불가분의 관계에 있는지 하는 것이었다. 만약 후자가 맞다면, 즉 인간의 정신이 방정식에서 제거된다면 그 기호의 조작이 프로그램된 기계에 의해 이뤄질 가능성이 발생한다. 그리고 튜링은 하나의 계산 기계를 상정하고 '증명 가능한 진술'을 '계산 가능한 수'로 바꾸었다. 규칙으로 정의되는 계산 가능한 수는 인간과 무관하게 작동하는 수로, 기계적으로 산출 가능한 공식으로 환원될 수 있다. 즉 모든 수학적 실수實數의 세계가 어떤 유한한 서술, 즉 프로그램으로 표현될 수 있다는 뜻이다.

가장 큰 어려움은 수학적 계산, 인식론적 사물, 기술적 매체로 이뤄진 우리의 세계를 신, 의미 혹은 인간이라는 궁극적 존재에 종속시키지 않는 데 있다. 초기 근대는 이 일을 해내지 못했다. 라이프니츠에서 크로네커에 이르기까지, 가장 단순한 수(이진수나 자연수)는 신의 선물로 간주됐고, 데카르트와 헤겔에서 딜타이에 이르기까지 '주체가 객관적 사물이나 매체에 부여하는 의미'는 기술에 대해 사고하는 것을 회피하는 은폐된 저항이었다. 그러나 기술이 존재와 사유를 결합하는 프레임으로 나타나기 위해서는 수가 인간을 떠나 스스로 작동하는 기계의 일부가 돼야만 했다.[183]

이처럼 인간의 마음이 아니라 종이 위에 있는 기호로서의 수로의 전환은 튜링 머신과 함께 이뤄졌다. 이런 튜링의 '기계적 과정'은 힐베르트의 수학의 '추상화' 작업과 직접 이어지는 것이자 수학적 문제에 대한 최초의 기술적 이행이다. 키틀러는 튜링과 컴퓨터의 등장으로 가능해진 수학의 복원이 새로운 존재론을 가능하게

---

183 Kittler(2006b), 58.

하는 조건이 될 수 있다고 봤다. 튜링의 작업을 통해 등장한 이 새로운 기술적 실제가 휴머니즘과 이른바 인간 중심적 '사유'의 최후의 흔적을 없앨 수 있기 때문이다.

또 키틀러는, 하이데거가 주장하듯이 사이버네틱스가 철학의 종말을 표상하는 것이 아니라 기술적 매체에 대한 의존에 대한 인식을 통해 철학을 다시 젊게 만드는 데 도움이 되리라고 믿는다. 그는 지금까지 철학이 결코 하지 않은 방식, 즉 문자와 수, 이미지와 음조의 본질적 통일성을 펼치는 방식으로 기술을 사유할 것을 요청한다.[184] 그리고 이를 위해 형식과 질료라는 낡은 이분법에 존재론을 세우는 대신 철학이 명령과 어드레스, 데이터를 분석해야 한다고 주장한다. 아리스토텔레스의 논리학은 튜링과 섀넌, 그 밖의 다른 사람들에 의해 기계화되지 않았나. 키틀러가 『음악과 수학』 프로젝트에 대해 '존재의 역사'라 부르는 이유 역시 존재는 그 행위와 알고리듬, 프로그램 속에서 드러나기 때문이다.[185] 그는 존재론적 의미에서 수학을 선택하고 있다.

키틀러는 오늘날 개인용 컴퓨터와 같은 디지털 미디어에 대한 문화 연구 분석을 보면 해석학의 인간 중심적 환상이 여전히 살아 있다고 비판한다. 그런 해석에서 컴퓨터는 매체가 아니라 도구로 취급되고 도구는 인간 사용자의 관점에서 정의된다. 반면 키틀러

---

184   Kittler(2006b), 52.

185   Peters(2015), 30.

는 컴퓨터는 도구로 분류될 수 없다고 주장한다. 이는 새로운 미디어 기술에 대한 인본주의적 해석에 맞선 그의 기본적인 비판 지점을 보여준다. 즉 기계는 단순히 인간의 관점에서 정의될 수 없다는 것이다. 또 그는 이렇게 쓴다.

한편으로, 기계는 센서와 작동기를 통해 실수의 본체에 상응하는 자연의 부분들을 참조할 수 있다. 다른 한편으로, 프로그래밍된 기술은 결정 가능하기 위해 유한한 수의 구문적 요소에서 선택돼야 한다. (…) 디지털 기계는 모든 인간 컴퓨터[186]의 한계를 넘어서는 숫자 처리, 예컨대 주파수 분석 및 스펙트로그램에 참여할 때 진정한 진가를 발휘한다. 따라서 조합 또는 디지털 기계만이 디지털이 아니라 아날로그일 가능성이 높은 자연을 진지하게 측정, 시뮬레이션, 조작할 수 있다는 큰 역설이 있다.[187]

따라서 독일의 문화기술 연구는 포스트휴머니즘 담론의 일환으로 볼 수 있다. 문화기술 연구에서 상정하는 인간은 '포스트휴머니즘적 인간'이다. 캐서린 헤일스Katherine Hayles는 '포스트휴먼'에 대해 물질적 예화보다 정보 패턴을 중시하고 데카르트적 전통에 따르는 인간 정체성과 의식의 동일시와 달리, 의식을 부수적 현상

---

186   디지털 컴퓨터가 충분히 발전하기 전 중요하고 어려운 수학 문제의 계산은 인간들이 수행한 까닭에 그들을 '컴퓨터'라고 부르던 시기가 있었다.

187   Kittler(2006c), 46.

으로 본다고 말한다. 또 가장 중요하게는 인간과 기계의 근본적 동질성을 강조한다. "포스트휴먼적 관점에서 신체를 가진 존재와 컴퓨터 시뮬레이션, 사이버네틱스 메커니즘과 생물학적 유기체, 로봇의 목적론과 인간의 목표 사이에 본질적 차이는 존재하지 않는다."[188] 여기서 중요한 것은 '인간'의 경계가 뚜렷하지 않다는 점이다. 문화기술 연구와 마찬가지로 포스트휴먼 담론 역시 자유주의적 휴머니즘 주체라는 허구성을 폭로한다. 다만 포스트휴먼 담론은 인간에 대한 새로운 이해, 특히 신체와 정신의 관계 및 역할 등에 더 초점을 둔다. 즉 자율적 존재로서의 인간 개념이 종말을 맞았음을 이론적으로 주장하고 새롭게 이해되는 인간, 즉 포스트휴먼이 어떻게 규정돼야 하는지 중시한다.

지금까지 살펴본 것처럼 문화기술 연구는 우리의 일상적이고 반복적인 활동과 행위에 초점을 맞추고 그 행위가 얼마나 다양한 도구와 매체, 기술들과의 긴밀한 관계 속에서 이뤄지는지 분석하고 있다. 이는 인류가 쌓은 거대한 문화라는 탑이 쟁기로 밭을 가는 평범하고 일상적인 행위에서 비롯됐음을 생각하게 하고, 우주로 날아가는 로켓에 운석에서 조심스레 철을 분리하는 야금장이의 그림자가 드리워져 있음을 보게 한다. 무엇보다도 이는 인공지능으로 대표되는 오늘날의 기술이 '테트락티스'에서 우주의 조화를 보는, 세계에 대한 수학적 인식 속에서 비롯됐음을 생각하게 한

---

[188]   Hayles(1999/2013), 24.

다. 쟁기질과 야금술과 셈하기는 이 모든 것을 가능하게 한 최초의 문화기술들이기 때문이다. 또 그 기술들이 우리의 존재, 우리의 삶, 일상의 순간들을 의미 있고 빛나는 것으로 여길 수 있게 노래하고 기록해왔음을 생각하게 한다.

문화기술의 긴 역사를 생각해보면 인간은 인간이 구축한 기술, 인간과 연계한 도구와 장치 등의 비-인간을 통해 우리 자신에 대해 알아왔다. 따라서 "이른바 인간은, 자기 자신을 좀 더 잘 이해하기 위해 철학자들이 사람들에게 부여하거나 제안하는 특성들에 의해 결정되는 것이 아니라 기술 표준에 의해 결정된다."[189] 우리는 우리 자신의 모습을 직접 보지 못하고 거울을 통해서만 볼 수 있다. 그것이 우리의 존재적 조건이다. 따라서 인공지능이나 네트워크 기술을 중시하는 현대는, 인간이 기계에 지배당할 위기에 있다기보다 인간은 언제나 비-인간과의 연결이라는 문화기술 속에서 존재해왔음을 명확히 보여주는 시대다. 또 기술 변화가 심한 현대에, 우리는 인간의 자리가 결국 어디인가를 근원적으로 반성하기를 멈추어서는 안 될 것이다.

---

189   Kittler(1997), 133.

참고 문헌

키틀러

Kittler, Friedrich. 1985. *Aufschreibesysteme 1800·1900*. M nchen: Wilhelm Fink Verlag. / 1990. *Discourse Networks, 1800/1900*. trans. by Michael Metteer, Chris Cullens. Stanford university press. / 2015. 『기록시스템 1800 · 1900』. 윤원화 옮김. 문학동네.

———. 1986. *Grammophon, Film, Typewriter*. Berlin: Brinkmann & Bose Verlag. / 1999. *Gramophone, Film, Typewriter*. trans. by Geoffrey Winthrop-Young, Michael Wutz. Stanford university press. / 2019. 『축음기, 영화, 타자기』. 유현주, 김남시 옮김. 문학과지성사.

———. 2002. *Optische Medien: Berliner Vorlesung 1999*. Berlin: Merve Verlag. / 2011. 『광학적 미디어: 1999년 베를린 강의』. 윤원화 옮김. 현실문화.

———. 2006. *Musik und Mathematik I, Hellas 1: Aphrodite*. Wilhelm Fink. / 2019. 『음악과 수학: 제1부 헬라스 제1권 아프로디테』. 박언영 옮김. 매미.

————. 1993a. "Real time analysis, Time Axis Manipulation." in *Draculas Vermächtnis*. Leipzig: Reclam Verlag.

———. 1993b. "Signal-Rausch-Abstand." in *Draculas Vermächtnis*. Leipzig: Reclam Verlag.

———. 1996a. "Computeranalphabetismus." in *Literatur im Informationsz-eitalter*. D. Matejovski, F. Kittler(Hg.). Campus Verlag.

———. 1996b. "The History of Communication Media." in *CTheory*. ed., A. & M. Kroker. (https://cast.b-ap.net/wp-content/uploads/sites/29/2014/09/Kittler.pdf)

———. 1997. "The World of the Symbolic-A World of the Machine." in *Literature, media, information system*. ed. John Johnston. Taylor & Francis Ltd.

———. 1998. "Hardware, das unbekannte Wesen." in *Medien Computer Realität*. (Hg.) S. Krämer. Suhrkamp Verlag.

———. 2000. "Bewegliche Lettern." in *Weltbürgertum und Globalisierung*, (Hg.) N. Bolz, F. Kittler, R. Zons. Wilhelm Fink Verlag.

———. 2002. "The Perspective of Print." trans. by G. Winthrop-Young, M. Wutz. in *Configurations*. vol.10. no.1. Winter.

———. 2006a. "Science as Open Source Process." in *New Media, Old Media: A History and Theory Reader*. trans. by P. Krapp. ed. Wendi Hui Kyong Chun, T. Keenan.

Routledge.

———. 2006b. "Number and Numeral." in *Theory, Culture & Society*. vol. 23, no. 7-8. Dec. trans. by G. Winthrop-Young. SAGE.

———. 2006c. "Thinking Colours and/or Machines." in *Theory, Culture & Society*. vol. 23, no. 7-8. Dec. trans. by G. Winthrop-Young. SAGE.

———. 2011. "Computer Graphics: A Semi Technical Introduction." trans. by Sara Ogger. in *Grey Room*. 02. Winter. MIT Press.

———. 2013a. "Homer and Writing." in *The truth of the technological world*. trans. by E. Butler. Stanford university press.

———. 2013b. "Poet, Mother, Child: On the Romantic Invention of Sexuality." in *The truth of the technological world*. trans. by E. Butler. Stanford university press.

———. 2013c. "There Is No Software." in *The truth of the technological world*. trans. by E. Butler. Stanford university press.

Kittler, Friedrich., Ofak, Ana(Hg.). 2007. *Medien vor den Medien*. Wilhelm Fink Verlag.

그 외

Alberti, Leon Battista. 1436. *Della Pittura* / 2002.『알베르티의 회화론』. 노성두 옮김. 사계절.

Clark, Andy. 2003. *Natural-Born Cyborgs: Minds, Technologies, and the Future of Human Intelligence*. Oxford University Press / 2015.『내추럴-본 사이보그』. 신상규 옮김. 아카넷.

Crary, Jonathan. 1990. *Techniques of the Observer: On Vision and Modernity in the Nineteenth Century*. MIT Press. / 2001.『관찰자의 기술: 19세기의 시각과 근대성』. 임동근 외 옮김. 문화과학사.

Derrida, Jacques. 1967. *De la grammatologie*. Les Éditions de Minuit / 1996.『그라마톨로지』. 김성도 옮김. 민음사.

Febvre, Lucien & Martin, Henri-Jean. 1958. *L'Apparition du livre*. Editions Albin Michel. / 2014.『책의 탄생』. 강주헌, 배영란 옮김. 돌베개.

Flusser, Vilém. 1994. *Für eine Philosophie der Fotografie*. European Photography. / 2005.『사진의 철학을 위하여』. 윤종석 옮김, 커뮤니케이션북스.

Hayles, Katherine. 1999. *How We became Posthuman: Virtual Bodies in Cybernetics, Literature, and Informatics*. The University of Chicago Press. / 2013.『우

리는 어떻게 포스트휴먼이 됐는가』. 허진 옮김. 플래닛.

Heidegger, Martin. 1962. *Die Technik und die Kehre*. Pfullingen Neske Verlag. / 1993.『기술과 전향』. 이기상 옮김. 서광사.

———. 2003. *Holzwege*. Vittorio Klostermann GmbH. / 2008.『숲길』. 신상희 옮김. 나남.

Hui, Yuk. 2021. *Art and Cosmotechnics*. eflux Architecture. / 2024.『예술과 코스모테크닉스』. 김성우 옮김. 새물결.

Innis, Harold. 1950. *Empire and Communications*. / 2008.『제국과 커뮤니케이션』. 김문정 옮김. 커뮤니케이션북스.

Manovich, Lev. 2013. *Software takes command*. Bloombery Publishing. / 2014.『소프트웨어가 명령한다』. 이재현 옮김. 커뮤니케이션북스.

McLuhan, Marshall. 1964. *Understanding Media: The Extensions of Man*. MIT Press. / 2002.『미디어의 이해』. 김성기 외 옮김. 민음사.

Mitchell, W. J. 1992. *The Reconfigured Eye: visual truth in the post photographic era*. MIT Press. / 2005.『디지털 이미지론』. 김은조 옮김. 아이비스 출판부.

Mitchell. W. J. T. 2005. *What Do Pictures Want?: The Lives and Loves of Images*. The University of Chicago Press. / 2012.『그림은 무엇을 원하는가: 이미지의 삶과 사랑』. 김전유경 옮김. 그린비.

———. 1968. *Nietzsche Werke. Kritische Gesamtausgabe*. vol. Ⅵ 2. Walter de Gruyter Verlag / 2001.『선악의 저편 · 도덕의 계보』. 김정현 옮김. 책세상.

Nietzsche, Friedrich. 1970. *Nietzsche Werke. Kritische Gesamtausgabe*. vol. Ⅲ 2. Walter de Gruyter Verlag / 2001.『유고(1870년~1873년)』. 이진우 옮김. 책세상.

Ong, Walter. 1982. *Orality and Literacy: The Technologizing of the Word*. Routledge. / 2009.『구술문화와 문자문화』. 이기우, 임명진 옮김. 문예출판사.

Paul, Christiane. 2003. *Digital Art*. Thames and Hudson. / 2007.『디지털 아트: 예술 창작의 새로운 가능성』. 조충연 옮김. 시공사.

Sterne, Jonathan. 2002. *The Audible Past: Cultural origins of sound reproduction*. Duke University Press. / 2010.『청취의 과거: 청각적 근대성의 기원들』. 윤원화 옮김. 현실문화.

권혁준. 2012. 「테크노포비아와 테크노필리아 사이에서: 현대 '기술매체'와 카프카의 서사 텍스트」.『카프카연구 28』.

최소영. 2017. 「디지털 시대의 '세계상', 컴퓨터 그래픽 연구: 두 가지 특질, '텍스트성'과 '알고리듬'을 중심으로」.『미학예술학연구 51집』. 한국미학예술학회.

———. 2018.「키틀러 매체론에서의 문자매체와 문학 연구」.『미학예술학연구 53집』.

한국미학예술학회.

———. 2018. 「키틀러 디지털 매체론에서의 시지각과 이미지 연구」. 『미학예술학연구 55집』. 한국미학예술학회.

———. 2019. 「문화기술론적 관점에서의 인간과 예술의 이해: F. 키틀러의 '고대 그리스 분석'을 중심으로」. 『미학예술학연구 58집』. 한국미학예술학회.

———. 2020. 「매개된 지각 체험을 통한 포스트휴머니즘적 신체 이해: 키틀러의 기술 매체론에 대한 M. 핸슨의 해석을 중심으로」. 『미학예술학연구 61집』. 한국미학예술학회.

———. 2021. 「컴퓨터의 하드웨어 옹호를 통한 '사물'에 대한 사유」. 『횡단인문학』. 숙명인문학연구소.

Andreessen, Marc. 2011. (https://a16z.com/why-software-is-eating-the-world/?utm_source=chatgpt.com)

Conrad, Michael. 1988. "The price of Programmability." in *The Universal Turing Machine A Half-Century Survey*. ed. Rolf Herken. Oxford university press.

Fliethmann, Axel. 2011. "Kittler's optic: Visual Theory between hardware, strategy and style." in *Thesis Eleven*. vol 107.

Gane, Nicholas & Sale, Stephen. 2007. "Interview with Friedrich Kittler and Mark Hansen." in *Theory, Culture & Society*. vol. 24 (7-8). Dec.

Geoghegan, Bernard. 2013. "After Kittler: On the Cultural Techniques of Recent German Media Theory." in *Theory, Culture & Society*. vol. 30, no. 6.

Griffin, Matthew & Herrmann, Susanne. 1996. "Technologies of Writing: Interview with Friedrich Kittler." in *New Literary History*. vol. 27, no. 4. Literature, Media and the Law (Automn).

Hansen, Mark. 2006. *New Philosophy for New Media*. Cambridge, MA.: MIT press.

———. 2015. "Symbolizing Time: Kittler and Twenty-First-Century Media." in *KITTLER NOW*. eds. S. Sale & L. Salisbury. Cambridge, MA.: Polity Press.

Helmholtz, Hermann. 1995(1868). "The recent progress of the Theory of Vision." in *Science and Culture*. ed. by D. Cahan. The University of Chicago press.

Koch, Matthias. & Köhler, Christian. 2013. "Das Kulturtechnische Apriori Friedrich Kittlers." in *Mediengeschichte nach Friedrich Kittler*. F. Balke, B. Siegert, J. Vogl(Hg.). Wilhelm Fink Verlag.

Krämer, Sybille. 2004. "Friedrich Kittler-Kulturtechniken der Zeitachsenmanipulation." in *Medien theorien: Eine philosophische Einführung*. A. Lagaay, D. Lauer(Hg.). Frankfurt/M.: Campus Verlag.

———. 2006. "The Cultural Techniques of Time Axis Manipulation: On Friedrich

Kittler's Conception of Media." in *Theory, Culture & Society*. vol. 23, no. 7-8 (Dec 2006).

Krämer, Sybille. & Bredekamp, Horst. 2013. "Culture, Technology, Cultural Techniques-Moving Beyond Text" in *Theory, Culture & Society*. vol. 30, no. 6.

Krämer, Sybille. Cancik-Kirschbaum, Eva. Totzke, Reiner(Hg.). 2012. "Einleitung." in *Schriftbildlichkeit: Wahrnehmbarkeit, Materialität und Operativität von Notationen*. Akademie Verlag.

Lenoir, Tim. 2006. "Haptic Vision: Computation, Media, and Embodiment in Mark Hansen's New Phenomenology." forward in M. Hansen, *New Philosophy for New Media*.

Mauss, Marcel. 1973. "Techniques of the Body." in *Economy and Society*. vol. 2, no. 1.

Neumann, John. 1945. *First Draft of a Report on the EDVAC*. (https://people.csail.mit.edu/brooks/idocs/firstdraft.pdf)

Peters, J. Durham. 2015. "Assessing Kittler's Musik und Mathematik." in *Kittler Now: Current Perspective in Kittler Studies*. ed. S. Sale & L. Salisbery. Polity press.

Schöb, Martina. 2010. *Friedrich Kittlers Anwendung der Lacanischen Trias auf das Aufschreibesystem 1900*. GRIN Verlag.

Siegert, Bernhard. 2011. "The map is the territory." in *Radical Philosophy*. vol. 169.

――. 2013. "Cultural Techniques: Or the End of the Intellectual Postwar Era in German Media Theory." in *Theory, Culture & Society*. vol. 30, no. 6.

Vismann, Cornelia. 2013. "Cultural Techniques and Sovereignty." in *Theory, Culture & Society*. vol. 30, no. 6.

Watt, Alan. 1989. *Fundamentals of Three dimensional Computer Graphics*. Mass.: Addison-Wesley.

Weibel, Peter. 1999. "On the History and Aesthetics of the Digital Image." in *Ars Electronica*.

Wellbery, David. 1990. "Foreword" in F. Kittler, *Discourse Networks, 1800/1900*. Standford, California: Stanford University Press.

Winthrop-Young, Geoffrey. 2011. in *Kittler and the Media*. Polity Press.

――. 2013. "Cultural Techniques: Preliminary Remarks." in *Theory, Culture & Society*, vol. 30, no. 6.

키틀러의 기계
포스트 디지털 시대의 기술철학

2025년 12월 16일 1판 1쇄 발행

지은이 최소영
펴낸이 임후성　**펴낸곳** 북콤마
디자인 *sangsoo*　**편집** 김삼수
등록 제2023-000246호
주소 (10449) 경기도 고양시 일산동구 호수로 336 103-309호
전화 031-955-1650　**팩스** 0505-300-2750
이메일 bookcomma@naver.com
블로그 bookcomma.tistory.com

ISBN 979-11-87572-53-4　03100

⸲ BOOKCOMMA